PAUL BOKOWSKI

Hauptsache nichts mit Menschen

GOLDMANN

Buch

Etwas Schreckliches ist passiert. Meine Mutter hat mich gegoogelt. Seit wann weiß meine Mutter, was Google ist? Ob ich nicht mal Lust hätte, mit ihr zu skypen, fragte sie. Wer ist diese Frau und was hat sie mit meiner Mutter gemacht? Noch ein dritter Fachterminus und ich werde Mutter fragen, seit wann sie meinen Vater mit einem Informatiker betrügt. Jetzt spiele ich mit dem Gedanken, auf ein Analogtelefon und die Deutsche Reichspost umzusteigen. Was, wenn meine Mutter Facebook für sich entdeckt? Kann ich es mit meinen Gewissen vereinbaren, eine Freundschaftsanfrage meiner eigenen Mutter abzulehnen?

Es liegt nicht unbedingt an Berlin, dass Paul Bokowski von einer absurdkomischen Begegnung in die nächste schlittert. Es liegt vielmehr in der Natur der Menschen, dass man viel Eigenartiges mit ihnen erleben kann. Mit seinen Eltern beispielsweise, einer wildfremden Dame, die ihm völlig ungefragt Vorträge über Backrezepte hält, oder aber auch gerne mit sich selbst: Sei es, wenn der passionierte Hypochonder angesichts einer drohenden Mandel-OP Dutzende von Abschiedsbriefen verfasst oder beim Möbelkauf in eine unvergessliche Weihnachtsfeier von IKEA gerät. Paul Bokowski enthüllt das Absurde im Zwischenmenschlichen – und man muss leider befürchten, dass das alles auch wirklich so passiert ist ...

Autor

Paul Bokowski, geboren 1982, ist Autor der misanthropischen Standardwerke »Hauptsache nichts mit Menschen«, »Alleine ist man weniger zusammen« und »Bitte nehmen Sie meine Hand da weg« und gehört seit 2007 zu Speerspitze der Berliner Lesebühnenszene.
Mehr zu Paul Bokowski erfahren Sie unter www.paulbokowski.de

Paul Bokowski

Hauptsache nichts mit Menschen

Geschichten

GOLDMANN

Sollte diese Publikation Links auf Webseiten Dritter enthalten, so übernehmen wir für deren Inhalte keine Haftung, da wir uns diese nicht zu eigen machen, sondern lediglich auf deren Stand zum Zeitpunkt der Erstveröffentlichung verweisen.

Penguin Random House Verlagsgruppe FSC® N001967

9. Auflage
Lizenzausgabe Januar 2014
Copyright © der Originalausgabe
Satyr Verlag Volker Surmann, Berlin, 2012
Copyright © dieser Ausgabe 2014
by Wilhelm Goldmann Verlag, München,
in der Penguin Random House Verlagsgruppe GmbH,
Neumarkter Str. 28, 81673 München
Umschlaggestaltung: UNO Werbeagentur, München
Umschlagfoto: Paul Bokowski
Redaktion: Gerhard Seidl
mb · Herstellung: Str.
Druck und Bindung: GGP Media GmbH, Pößneck
Printed in Germany
ISBN: 978-3-442-48002-9

www.goldmann-verlag.de

Inhalt

Ich höre was, was du nicht hörst 8
Da kenne ich keine Skrupel 14
Der Newsletter 21
Weihnachten bei Klippanståds 29
Das Ding aus einer anderen Welt 36
Auszüge aus dem Evangelium nach Facebook 43
Bankgeflüster 48
Der Versuch der alten Dame 57
Photoshop, mon amour 62
Du bist jetzt Opfer 70
Cord an Cord 80
24 Stunden Paul Bokowski 87
Bokowski und die Brandstifter 94
Denn sie wissen nicht, was sie tun 101
Der Schatten 106
Leonie 3. Oder: Das Sexualverhalten
 der Gattung Mensch 118
Herr Caycig. Oder: Der Tod steht ihm gut 124
Wenn der Vater mit dem Sohne skypt 129
Die Kinder zum Hof 135
Briefe, die einer schrieb, bevor er an den Folgen
 einer Mandel-OP zugrunde ging 142
Stefanie und Jürgen 148

Die Schlager-Nackt-Party 155
Sprich mit mir 164
Eine gefräßige Person 172
Polnisches Gepäck 178
Ich hab noch eine Wohnung in Berlin 182

Montag

Etwas Schreckliches ist passiert. Nie hätte ich gedacht, dass es wirklich so weit kommen könnte, aber es ist. Plötzlich, unerwartet und ohne jede Vorwarnung: Meine Mutter hat mich gegoogelt.

Zu meiner großen Überraschung und all den sinistren, morbiden, beschämenden und vor allem unmoralischen Informationen über mich, die dieses wundervolle Unding namens »Internet« einfach nicht vergessen will, war es ausgerechnet mein Backblog, der meine Mutter in eine gewisse Unruhe versetzte. Eine Unruhe ob der erschreckenden Erkenntnis darüber, dass ich zu ihrer großen Verwunderung technische Geräte bedienen könne, die (wie sie es nannte) nicht über einen USB-Anschluss verfügen. Ich bin entsetzt! Meine Mutter hat »USB-Anschluss« gesagt. Seit wann weiß meine Mutter, was ein USB-Anschluss ist? Ob ich jemals über sie gebloggt hätte, wollte sie wissen. »Gebloggt« – sie sagte wirklich »gebloggt«! Wer ist diese Frau und was hat sie mit meiner Mutter gemacht? Noch ein dritter Fachterminus dieser Art und ich werde Mutter fragen, seit wann sie meinen Vater mit einem Informatiker betrügt. Während ich Mutter versichere, dass ich niemals über sie bloggen würde; und wenn überhaupt, dann doch nur über eine literarisch abstrahierte Version, die mit ihrer Person doch überhaupt nichts mehr gemein hat, lösche ich alle Einträge in meinem Blog, die die Begriffe »Mutter«, »Alte Schabracke« oder »Das verbitterte Ding an der Seite meines Vaters« beinhalten.

Ich höre was,
was du nicht hörst

Er Paul?
Ich Hm.
Er Paul?
Ich Hm?
Er Paul?
Ich Hmmmm?
Er Schläfst du?
Ich Eheh.
Er Da pocht was.
Ich He?
Er Ich kann nicht schlafen. Da pocht was.
Ich Hm hmocht hmix.
Er Was?
Ich Da pocht nix.
Er Doch. Hör doch. Da pocht was. Ganz deutlich!
Ich Neeee, da pocht nix.
    … Da wummert höchstens was.
Er Da wummert doch nix. Das pocht!
Ich Es ist jetzt halb zwei. Da pocht nix. Um halb zwei wummert's.
Er Was?
Ich Um halb zwei wummert's!
Er Es wummert?

Ich Ja! Es wummert.

Er Was ist denn Wummern?

Ich Wummern ist ein Mischgeräusch. Pochen nicht.

Er Ein Mischgeräusch?

Ich Ja, ein Mischgeräusch! Es wummert eben. Es knackt, es rumpelt, es schallt, es scheppert, es rattert, es holpert, es dröhnt, es knattert, es poltert, es hämmert, es kratzt, es läutet, und wenn du ganz genau hinhörst, dann rasselt es auch ein bisschen.

Er Ich hör kein Rasseln. Nur ein Pochen. Vielleicht auch ein Wummern. Aber bestimmt kein Rasseln.

Ich Du kommst auch aus Charlottenburg.

Er Was hat das denn damit zu tun?

Ich Das ist immer so! Pochen. Pochen! Leute aus Charlottenburg hören immer nur ein Pochen!

Er Ich komm aber aus Wilmersdorf.

Ich Das macht auch keinen Unterschied. Leute aus Steglitz, Schöneberg, Zehlendorf, Tegel, Spandau. Die hören immer nur ein Pochen. Einmal war einer aus Köpenick hier: Der hat ernsthaft behauptet, es pulsiert. Pulsiert!

Er Da pulsiert doch nix.

Ich Eben!

Er Es pocht nur.

Ich Nein! Es knackt, es rumpelt, es schallt, es scheppert, es rattert, es holpert, es dröhnt, es knattert, es poltert, es hämmert, es kratzt, es läutet; und wenn du ganz genau hinhörst, dann rasselt es auch ein bisschen.

...

Du, hör mal zu. Das ist wie mit den Eskimos und

Schnee. Wir Leute hier im Wedding, wir haben einfach ein paar Begriffe mehr für Lärm als ihr.

Er   Ach Quatsch! Ich hab mal bei jemandem im Prenzlauer Berg geschlafen, da hat es auch gewummert.

Ich Das ist aber ein ganz anderes Wummern!

Er   Ein anderes Wummern?

Ich Ja! Im Prenzlauer Berg, da rattert doch nichts. Da knattert und röchelt und dröhnt und hämmert doch niemand. Da brüllt und quäkt und krakeelt auch niemand. Im Prenzlauer Berg, da fiept es, und es säuselt und knistert und zischt und raschelt; und manchmal poltert es ein bisschen. Aber da weiß doch niemand, wie sich eine Metallfräse anhört. Schon gar nicht um drei Uhr morgens.

Er   Ich bleibe dabei: Es pocht!

Ich NEIN, VERDAMMT! Da pocht nix. Wenn die Waschmaschine von der alten Prokopowicz beim Schleudern durch den Flur wandert und der Gülkan im Zweiten seine Alte rannimmt, dass es klingt, als würde jemand eine halbe Tonne Hackfleisch verprügeln, und der Liebelt aus dem Dritten seit einer halben Stunde die gleiche Nummer von den *Scorpions* spielt, DANN pocht es. Aber *gewaltig*!

Er   … Wie kannst du denn bei dem Lärm nur schlafen!?

Ich Ich mache einfach die Augen zu und warte so lange, bis ich wieder wach werde!

Er   Das klappt doch eh nicht …

Ich Jetzt hör mal zu: Ich hab dich doch gewarnt!

Er   Was?

Ich Ich hab gesagt, dass du gern zum Beischlaf vorbeikommen kannst. Du kannst auch gern hier frühstücken, hab ich gesagt. Nur hier schlafen: Das kannst du nicht.

Er Du bist ein echter Sonnenschein!

Ich Jetzt werd doch nicht gleich grantig! Ich hab einfach Erfahrung in diesen Dingen! Ich hab noch nie jemanden erlebt, der auf Anhieb hier schlafen konnte. Das braucht mindestens vier oder fünf Wochen, bis man anfängt, die ganze Geräuschkulisse auszublenden.

...

Wenigstens riecht es nicht!

Er Riechen?

Ich Ja, riechen! Ich habe zwei Kroaten, vier Türken, einen Koreaner, sechs Vietnamesen und drei Westfalen hier im Haus. Zweimal in der Woche wache ich nachts auf, weil irgendeiner von den Hirnis auf die Idee gekommen ist, sich mitten in der Nacht ein Köfte, ein Odojak oder einen Pickert zu braten.

Er Was ist denn *Pickert*!?

Ich Ich habe keinen blassen Schimmer, was ein Pickert ist! Aber man könnte genauso gut über der Friteuse einer Currywurstbude übernachten!

...

Außerdem können wir uns glücklich schätzen, dass es nicht gerade regnet.

Er Ach, ich find das ja eigentlich ganz beruhigend, wenn der Regen so gegen die Fensterscheiben prasselt.

Ich Prasselt! Das ist auch so ein Prenzlauer-Berg-Wort.

Er Was ist denn so schlimm daran, wenn's prasselt?

Ich Nichts! Es ist gar nichts schlimm daran, wenn's prasselt. Es ist schlimm, wenn es regnet!

Er Und warum?
Ich Weil's stinkt.
Er Wonach?
Ich Na, nach Scheiße!
Er Was? Wieso denn nun nach Scheiße?
Ich Ach Mensch! Das ist doch wie mit einem Hund.
Er Einem Hund?
Ich Ja! Ein trockener Hund stinkt nicht. Wenn man ihn aber nass macht, dann ist die Kacke am Dampfen.
Er Versteh ich immer noch nicht.
Ich Na gut. Schau: Du kennst doch diese Putzautos von der Berliner Stadtreinigung. Die Dinger mit diesen rotierenden Bürsten vorne dran. Die bürsten den ganzen Dreck nicht weg. Die massieren den ein! Seit Jahren, ach was red ich, seit Jahrzehnten wird die Hauptstadt imprägniert – Schichten um Schichten, Lagen um Lagen, Jahrgänge um Jahrgänge von Hundekot.
Er Du meinst, Berlin ist gar nicht auf Märkischem Sand erbaut, sondern ...
Ich Märkischer Scheiße! Und es muss nur ein einziges Mal regnen, dann wird das alles wieder flüssig!
Er ... Ich glaub, ich fahr nach Hause.

Dienstag

Ich habe den größten Teil des Vormittages damit zugebracht, einen Nachruf auf meine Großmutter zu schreiben. Meinen emotionalen Zustand würde ich als relativ stabil bezeichnen. Die nicht zu leugnende schriftstellerische Freude daran, sich in einer bisher völlig unbekannten literarischen Gattung auszuprobieren, relativiert die gelegentlichen Heulanfälle. Version Nummer eins, beendet gegen vierzehn Uhr, würde ich mit der mir so üblichen Bescheidenheit als nahezu grandios bezeichnen.

Mutter dagegen zeigte sich am Telefon nur mäßig begeistert von meinem Nachruf auf Großmutter. Argumentativ untermauerte Kritik blieb sie mir dabei allerdings schuldig. Was sie nach eigener Aussage am meisten an meinem Nachruf störe, sei die Tatsache, dass Großmutter noch gar nicht tot ist.

Es wäre nicht das erste Mal, dass ich meiner Mutter eine mangelhafte Fähigkeit zur Weitsicht vorwerfen muss. Ich habe versucht, eine zweite Meinung einzuholen, jedoch war Großmutter telefonisch leider nicht erreichbar.

Da kenne ich keine Skrupel

Ich stand ratlos vor meinem Briefkasten und wendete das cremefarbene Kuvert grübelnd in meiner Hand. Gelegentliche Anrufe meiner Eltern zu nachtschlafender Zeit (14.00 Uhr), insbesondere durch Mutter, war ich seit meinem Auszug vor vielen Jahren ja gewohnt:

»Hallo Sohn. Schläfst du noch?«
»Ja.«
»Rate mal, wen ich eben getroffen habe!«
»Keine Ahnung.«
»Die Tante Inge.«
»Wen?«
»Na, die Tante Inge.«
»Mutter, ich habe keine Tante Inge.«
»Na doch, die Inge. Die kennst du. Mit der habe ich früher gearbeitet. Ihr Kinder habt immer ›Tante Inge‹ zu ihr gesagt.«
»Welche Inge denn? Und was heißt hier überhaupt ›ihr Kinder‹? Ich bin Einzelkind, Mutter!«
»Mensch! Du kennst doch die Inge noch. Die Schwarze!«
»Wie ›die Schwarze‹!?«
»Na, die hatte immer so schwarze Haare.«
»Deswegen ist die Inge noch lange keine Schwarze!«

»Na, siehst du! Du weißt doch, wen ich meine.«
»Nein, Mutter! Ich weiß nicht, wen du meinst!«
»Doch.«
»Nein!«
»Doch!«
»Nein, Mutter! Ganz sicher.«
»Ganz sicher?«
»Ja. Ganz sicher. Wirklich. Ganz sicher!«
»Doch, doch. Die Inge. Die kennst du. Da bin ich mir ganz sicher.«

Noch immer drehte ich den cremefarbenen Briefumschlag in meiner Hand. Wäre es kein Brief, sondern eine E-Mail, ich hätte einfach auf den kleinen Mülleimer geklickt und die Nachricht wäre zu meinen anderen engen Freunden Vivienne Cox, Tamara Dickson und Mahnung Sparkasse in den Spamordner gerutscht. Das Medium ist die Botschaft. Da kenne ich keine Skrupel. Im Krieg und im Internet ist alles erlaubt.

Dieser kleinen Postwurfsendung meiner Eltern allerdings, die mich mit ihrer D-Mark-Euro-Übergangsmarke anstarrte, hatte ich nichts entgegenzusetzen. Moment. Doch. Etwas gab es da: Vor dem Haus stand ein Briefkasten der Deutschen Post. In meiner Tasche spürte ich einen Kugelschreiber. Die Versuchung war gewaltig. »Unbekannt verzogen!« würde ich neben das Gesicht von Clara Schumann kritzeln. »Unbekannt verzogen!« und den Brief wieder auf seine Reise schicken. Eine Nachricht der Abweisung. Das wollte ich meinen Eltern antun. Wegdrücken! Aber ich konnte nicht. Schon in das Adressfeld hatte meine Mutter systematisch Schreibfehler eingearbeitet, einzig und allein, um Mitleid zu erregen und mich in eine wohlwollende Stimmung zu versetzen.

Wenn man auf einem Flohmarkt etwas verkaufen will, dann *muss* man Mitleid erwecken. Sonst steht man am Ende des Tages noch da, mit all seinen CDs von Michael Jackson, Lena Meyer-Landrut und dem drehbaren Musikkassettenständer (da kann er noch so retro aussehen). Am besten schreibt man sich ein Schild. »Alles zum halben Preis« sollte darauf stehen, weil Geiz fast genauso gut zieht wie Mitleid. Das Schild schreibt man in Großbuchstaben. Das Wort »alles« allerdings mit nur einem »L«, das »N« von »halben« schreibt man spiegelverkehrt, und in den i-Punkt von »Preis« macht man ein kleines Loch. Dann besorgt man sich ein Kind, am besten so schmutzig, dass man nicht genau sagen kann, ob Junge oder hässliches Mädchen, setzt es an den Tapeziertisch und versteckt sich hinter dem Schild, bis die ersten Leute kommen. Diese werden das Schild anschauen, das Kind, dann wieder das Schild und das spiegelverkehrte »N«. Und sie werden sich denken: »Ach, wie süß.« Ein wohlfeiles stumpfsinniges Lächeln wird über ihr Gesicht wandern, sie werden den Blick über die Auslage schweifen lassen und schließlich sogar den gröbsten Unfug an sich nehmen wollen. »Was soll denn das indianische Traumfängerchen kosten?«, werden sie fragen. (Ein Werbegeschenk von Bertelsmann.) Dann flüstert man »15 Euro« durch das Loch im i-Punkt. »15 Euro«, sagt dann das Kind, mit schwacher, flehender Stimme. Am besten sucht man sich ein Kind, das lispelt, in einem logopädischen Kindergarten vielleicht.

Das geht immer noch ein bisschen besser. »Bitte!?«, werden die Leute sagen. »15 Euro!? Für so ein Traumfängerchen! Das ist aber schon ein bisschen teuer.« Dann flüstert man ein zweites Mal durch den i-Punkt, und das Kind soll sagen: »Wenn ich den Traumfänger nicht verkaufe, dann schlägt mich meine Mutter.« In den meisten Fällen wird das wirklich funktionieren. (Am besten allerdings auf dem Sonntagsflohmarkt am Arkonaplatz in Berlin-Mitte.)

Während ich die Treppe in den vierten Stock hinaufstieg, ließ ich meinen Blick abermals über das Adressfeld schweifen. Tatsächlich hatte meine Mutter einen Fehler eingebaut. Sie hatte die Straße, in der ich damals lebte, falsch geschrieben. Lüderitzstraße. Mit »y« hinter dem »L« anstatt dem eigentlichen »ü«. Lyderitzstraße. Im Grunde ein polnischer Gewohnheitsfehler. Denn mit gewissenhafter Überzeugung schreiben die meisten schlesischen Spätaussiedler jedes deutsche Wort, in dem ein »ü« vorkommt, lieber mit »y«. Yberraschung, myde, gryn oder Yberweisung. Begegnet ihnen aber ein Wort, welches wirklich mit »Y« geschrieben wird, so regt sich Konrad Duden'scher Ehrgeiz in ihnen, und sie schreiben: »Psüchologie« oder »Labürinth«. Auch meine Eltern praktizieren diese schlesische Tradition seit nunmehr 30 Jahren. Einmal las ich »Labyrinth« sogar mit Doppel-»ü«: »Labürünth«. Kurzzeitig wähnte ich mich anatolischer Abstammung.

Wer einmal in seinem Leben auf dem nationalen Schlesiertreffen in Hannover war und noch immer einen todsicheren Weg sucht, die mehr als treudeutschen Ostgebietler und zugleich einzigen NPD-Wähler mit Migrationshintergrund von ihrer angeheirateten Westverwandtschaft zu unterscheiden, dem seien folgende Prüfungen ans Herz gelegt. Zum einen ist es ratsam, den rechten Oberarm zu untersuchen. Ein Westarm ist glatt und unversehrt, während auf jedem Spätaussiedlerbizeps eine kreisrunde Narbe zu finden sein wird, als hätte man die slawische Jugend nicht mit einer Nadel geimpft, sondern mit einem Pritt-Stift. Reicht auch diese Information nicht aus, um Schlesier von Mutterländlern, Heimatvertriebenen oder Sudetendeutschen zu unterscheiden, so sei der slawischen Verdachtsperson zum anderen einfach ein Zettel und ein Stift in die Hand gedrückt und die Aufforderung mitgegeben, einmal das Wörtchen »Gynäkologenüberschuss« zu schreiben. Wird man nun »Günäkologenyberschuss« auf dem Zettel lesen, so kann man sich sicher sein, einen Menschen vor sich zu haben, der noch immer mit Sicherheit zu sagen weiß, welche Postleitzahl die freie Reichsstadt Danzig hatte.

Als ich den vierten Stock erreichte, meine Wohnung betrat und die Tür hinter mir ins Schloss fiel, klingelte das Telefon:

»Hallo Sohn. Bist du wach?«
»Ja.«
»Hast du meinen Brief gekriegt?«
Ein letztes Mal drehte ich das Kuvert in meinen Händen.
»Welchen Brief?«
»Na, ich habe dir einen Brief geschickt.«
»Einen Brief?«
»Ja.«
»Warum schickst du mir denn Briefe?«
»Deine E-Mails liest du ja nicht.«

»Du kannst doch zur Abwechslung mal anrufen«, sagte ich. Aber meine Mutter ist wie ein sechsjähriges Kind: Sie kann keine Ironie.

»Warst du denn heute schon am Briefkasten?«

»Ja. Gerade eben.«

»Und?«

»Kein Brief.«

»Kein Brief?«

»Nö.«

»Gar keiner?«

»Gar keiner.«

»Kein einziger?«

»Nein.«

»Gar nichts?«

»Nö. Nur eine Karte. Von Thomas.«

»Wer ist denn Thomas?«

»Aber Mutter, du kennst doch Thomas.«

»Ich kenne keinen Thomas.«

»Natürlich kennst du Thomas.«

»Welcher Thomas?«

»Na, Thomas! Der hat mit mir studiert.«

»Welcher Thomas denn?«

»Der Rote.«

»Wie ›der Rote‹?«

»Der Thomas mit den roten Haaren. Den kennst du doch!«

»Nein.«

»Doch.«

»Nein!«

»Doch! Ganz sicher! Sag mal, Mutter, schläfst du noch?«

Mittwoch

Auch im Wedding geschehen noch Zeichen und Wunder: Die Hausverwaltung hat unseren Hausflur renoviert. Wobei das eigentliche Wunder darin besteht, dass sie nicht nur elanvoll damit angefangen, sondern ihn auch zu Ende renoviert hat. Entgegen der diesjährigen Mode in Sachen Auslegeware ist es kein fleischfarbenmarmoriertes PVC, sondern ein weinroter Sisalteppich, der die frisch lackierten Treppen hinaufwandert. Immer wieder klingeln jetzt wildfremde Weddinger aus der Nachbarschaft an unserer Haustür und rufen durch die Gegensprechanlage: »Wir wollen den Teppich sehen!« Dann drücke ich auf den Summer und laufe ihnen entgegen, mit einem Korb voller Souvenirs, Ansichtskarten und Erfrischungsgetränke.

Der Newsletter

Seit etwa acht Jahren bekomme ich alle vier Wochen einen Newsletter. Den Newsletter eines Theaters, um genau zu sein – der Schaubühne am Lehniner Platz. Man hatte mich damit geködert, dass jeder Newsletter ein kleines Gewinnspiel enthielt. Alle vier Wochen konnte man Freikarten gewinnen.

Das ist schon lange nicht mehr so! Der Andrang oder der Aufwand mögen zu groß gewesen sein, aber vor vielen Jahren schon wurde das Gewinnspiel einfach wegrationalisiert. Seitdem habe ich aufgehört, den Newsletter zu lesen. Tatsächlich ärgere ich mich mittlerweile, dass ich ihn überhaupt noch bekomme. Denn schon vor Monaten habe ich erfolglos versucht, ihn wieder abzubestellen:

»Dies ist ein Newsletter der Schaubühne am Lehniner Platz. Zum Abbestellen senden Sie bitte eine leere E-Mail an noschaubuehnenewsletter@schaubuehne.de«

Das habe ich getan, genau das, und ich tue es noch immer. Denn es will und will nicht funktionieren. Anstatt der erhofften Kündigungsbestätigung trudelt alle vier Wochen ein brandneuer Newsletter der Schaubühne bei mir ein, und jedes Mal, beharrlich und ausdauernd, antworte ich mit einer leeren E-Mail an noschaubuehnenewsletter@schaubuehne.de.

Vor einiger Zeit erreichte mich aber eine eher ungewöhnliche, wenn auch seltsam vertraute E-Mail, die ich mir bis jetzt noch nicht so recht zu erklären weiß.

16. September – 23.36 Uhr
hallo
ich möchte fortan keinen newsletter der schaubühne mehr zugeschickt bekommen.
   vielen dank und weiterhin gute arbeit!
   ihr thorsten bock

Das Problem daran: Ich bin weder die Schaubühne, noch kenne ich einen Thorsten. Zumindest keinen Thorsten Bock. Einen Augenblick lang überlegte ich, ihm zu antworten oder die E-Mail einfach an noschaubuehnenewsletter@schaubuehne.de weiterzuleiten. Aber dann beschloss ich, die Angelegenheit einfach auf sich beruhen zu lassen, und ging zu Bett.

Als ich aber am nächsten Morgen meinen Rechner hochfuhr und mein E-Mail-Programm öffnete, fand ich nach einer halben Stunde des Herunterladens über 260 E-Mails in meinem Postfach. Hier eine kleine Auswahl:

1

Liebe Schaubühnen-Verwaltung,
irgendwie ist die nachfolgende Nachricht in meinem Postfach gelandet.
   MfG
   Carsten Konrad
   ---

hallo
ich möchte fortan keinen newsletter der schaubühne mehr zugeschickt bekommen.
   vielen dank und weiterhin gute arbeit!
   ihr thorsten bock

2

Sehr geehrte Damen und Herren,
wie kann es denn zu so einem Irrläufer in Ihrem System kommen???
   Mit besten Grüßen,
   Karina Haupt
   ---
hallo
ich möchte fortan keinen newsletter der schaubühne mehr zugeschickt bekommen.
   vielen dank und weiterhin gute arbeit!
   ihr thorsten bock

3

Sehr geehrte Damen und Herren,
bitte nehmen Sie sich ENDLICH der folgenden Angelegenheit an.
   Leicht genervt,
   Hans-Peter Ricke

Liebe Schaubühnen-Verwaltung,
irgendwie ist die nachfolgende Nachricht in meinem Postfach gelandet.
   MfG
   Carsten Konrad

---

hallo

ich möchte fortan keinen newsletter der schaubühne mehr zugeschickt bekommen.

   vielen dank und weiterhin gute arbeit!

   ihr thorsten bock

4

Sehr geehrte Damen und Herren, könnten Sie das abstellen, bitte? Ich erhalte hier laufend diese E-Mails!

   Kornelia Hummel

---

hallo

ich möchte fortan keinen newsletter der schaubühne mehr zugeschickt bekommen.

   vielen dank und weiterhin gute arbeit!

   ihr thorsten bock

5

Hallo,

ich habe hier 16 E-Mails von mir völlig unbekannten Leuten im Posteingang, die entweder alle ihren Newsletter kündigen wollen oder sich darüber beschweren, dass ihnen Kündigungen anderer Leute zugemailt wurden. Was soll das denn bitte sein, frage ich mich. So ein nachlässiger Umgang mit Kundendaten geht aber nicht! Ich lösch das jetzt mal und hoffe auf ein einmaliges Versehen!

   MfG

   Julia Blume

6

Liebe Julia Blume,
16 E-Mails? Du Glückliche! Ich habe hier Hunderte.
  Schönen Gruß
  Kornelia Hummel

7

Hunderte? Du Arme. Jemand sollte endlich mal etwas dagegen unternehmen. Warum passiert denn da nichts? Übrigens: Ich kannte mal eine Anne-Marie Hummel. Gibt es da vielleicht irgendwelche Verwandtschaftsverhältnisse?
  Lieben Gruß
  Julia Blume

8

hallo,
ich möchte fortan keinen newsletter der schaubühne und auch keine e-mails von KORNELIA HUMMEL oder JULIA BLUME mehr zugeschickt bekommen.
  vielen dank und weiterhin gute arbeit!
  ihr thorsten bock UND ihr konstantin schiller

9

Mein Name ist Günther, ich bin 58 Jahre alt, jünger aussehend, liebevoll und gebildet. Ich suche auf diesem Wege eine Frau, mit der ich meinen Lebensabend teilen kann. Wenn für dich das Aussehen und die finanzielle Situation zweitrangig sind und du meine Vorliebe für Modellsegelboote und Tierpräparate teilen kannst, dann melde dich!

10

*Mein Name ist Selma Gülkalan,
und ich grüße den Murat und die ganze 7c.*

11

Hundewelpen günstig abzugeben. Mischlinge aus eigener Zucht. Acht Wochen alt, alle geimpft. Näheres unter www.hundewelpen-schaubuehne.de

12

Sind Sie auf der Suche nach einem sicheren und natürlichen Weg, Ihren Penis dauerhaft zu verlängern? Dann schicken Sie einfach eine E-Mail an noschaubuehnenewsletter@schaubuehne.de

13

Heiße willige Schlampen über 50 warten auf dich. Nur in der Schaubühne am Lehniner Platz.

14

*hallo,
ich habe meine meinung geändert und möchte fortan doch wieder den newsletter der schaubühne zugeschickt bekommen.*

    vielen dank und weiterhin gute arbeit!
    ihr thorsten bock

Donnerstag

Seit drei Tagen lebe ich in der panischen Angst, dass meine Mutter Facebook für sich entdeckt. Kann ich es mit meinem Gewissen vereinbaren, eine Freundschaftsanfrage meiner eigenen Mutter abzulehnen?

Freitag

Ja, ich kann.

Weihnachten bei Klippanståds

Frau Brohm	Herr Bokowski!
Ich	Frau Brohm!
Frau Brohm	Gut geschlafen?
Ich	Nee. Gar nicht geschlafen!
Frau Brohm	Wie kommt's?
Ich	Ach, das harte Leben!
Frau Brohm	Bitte?
Ich	Na ja. Vielleicht kennen Sie das ja: zwischenmenschliche Grenzerfahrung!
Frau Brohm	Ach, war'n Mama und Papa wieder zu Besuch?
Ich	Nee. Schlimmer! Viel Schlimmer! Meine erste Weihnachtsfeier.
Frau Brohm	Da schau an! Wer hat denn zelebriert?
Ich	Die Schweden!
Frau Brohm	Welche Schweden?
Ich	Na, *die* Schweden!
Frau Brohm	Wie »*die* Schweden«? Sie waren auf einer schwedischen Weihnachtsfeier?
Ich	Könnte man so sagen.
Frau Brohm	Im schwedischen Konsulat, oder wie soll ich das verstehen?
Ich	Fast.

Frau Brohm	Fast?
Ich	Na ja. Nicht im schwedischen Konsulat. Aber so was Ähnliches. Im schwedischen Möbelhaus.
Frau Brohm	Bei Ikea?
Ich	Ja. Kenn' Sie?
Frau Brohm	Natürlich! Sie waren auf der Weihnachtsfeier von Ikea?
Ich	Ja.
Frau Brohm	Seit wann arbeiten Sie denn bei Ikea?
Ich	Frau Brohm, ich arbeite doch nicht bei Ikea!
Frau Brohm	Was machen Sie denn dann auf einer Weihnachtsfeier von Ikea?
Ich	Ich wollte mir einen Unterschrank fürs Badezimmer kaufen.
Frau Brohm	Auf der Weihnachtsfeier von Ikea?
Ich	Nein! Ich wusste doch gar nichts von der Weihnachtsfeier.
Frau Brohm	War'n Sie der Überraschungsgast? Sind Sie nackt aus einer schwedischen Mandeltorte gesprungen?
Ich	Ich bin ganz normal hingefahren. Zum Einkaufen. Ikea hat ja bis zehn Uhr abends auf. Aber als ich dann in Tempelhof vorm Eingang stand, war der Laden zu: »Geschlossen ab 20 Uhr wegen Weihnachtsfeier«.
Frau Brohm	Frechheit!
Ich	Eben! »Dit schauste dir ma an«, hab ich gedacht. Ich bin dann einmal rund ums Haus, hab den Rauchern nett »Hallo« gesagt und

	bin mit reingegangen. »Zur Not zeigste denen einfach deine Ikea-FamilyCard«, hab ich gedacht. Ging aber auch ohne.
Frau Brohm	Und? Wie war's?
Ich	Na ja, 'ne Mischung aus Scientology und Kindergeburtstag. Aber schon ganz lustig. Gab halt Musik und klassisches Büffet.
Frau Brohm	Rinderbraten, Pellkartoffeln, Hähnchen-Cordon-bleu?
Ich	Nee! Köttbullar, Hotdogs und Lachsteller. Alles, was es sonst auch gibt. Nur halt umsonst. Götterspeise, Zimtschnecken und – na ja – Mandeltorte.
Frau Brohm	Und zu trinken?
Ich	Finnischen Glühwein.
Frau Brohm	Finnischen?
Ich	Ja. Vermutlich made in Aserbaidschan oder Bangladesch.
Frau Brohm	Wenigstens mit kostenlosem Refill?
Ich	Oh! Sie kenn' sich aus!
Frau Brohm	Ikea gab's ja schon zu meiner Zeit damals. Ist ja nun auch nicht mehr der Jüngste, der Herr Kamprad.
Ich	Wer?
Frau Brohm	Schon gut. Sie war'n beim Glühwein.
Ich	Stimmt. Kostenloses Refill. Aserbaidschaner Glühwein, so viel man trinken konnte!
Frau Brohm	Klingt doch ganz gut.
Ich	Das war auch bitter nötig.
Frau Brohm	Wieso?

Ich	Ich sag nur: Partyspiele.
Frau Brohm	Topfschlagen?
Ich	Reise nach Jerusalem. Mit dem kompletten Katalogsortiment. Über 50 Stühle. Grenzt ein bisschen an ein Weihnachtswunder, dass da keine Massenpanik ausgebrochen ist.
Frau Brohm	Und Sie sind gar nicht aufgefallen?
Ich	Frau Brohm, wenn der Marktleiter betrunken durch die Gegend rennt und unbedingt Flaschendrehen oder Blinder Elch spielen will, fällt niemand auf. Die meisten waren ohnehin in Zivil angetreten.
Frau Brohm	Kein Uniformzwang?
Ich	Nein. Ich sag es ungern, aber ich hab da schon ziemlich gut reingepasst.
Frau Brohm	Und man hat Sie nicht gefragt, wer Sie sind und wo Sie arbeiten?
Ich	Doch doch. Ich hab dann einfach immer nur »Warenausgabe« gesagt.
Frau Brohm	Und das funktioniert?
Ich	Ja, meistens. Nur einer hat selber mal in der Warenausgabe gearbeitet und etwas komisch reagiert. Ich hab mich dann rübergebeugt und ihm zugeflüstert, ich hätte mich nur reingeschmuggelt wegen der coolen Stimmung und der tollen Leute. Und dann hab ich auf den halbnackten, betrunkenen Marktleiter gezeigt. Hat irgendwie funktioniert.
Frau Brohm	Wie lang ging der Abend denn?
Ich	Genau genommen bis gerade eben.

Frau Brohm	Bis acht Uhr morgens!?
Ich	Ja. War ja nicht die einzige Weihnachtsfeier.
Frau Brohm	Was kam denn noch!?
Ich	Aber Frau Brohm! Gibt doch nicht nur einen Ikea in Berlin!
Frau Brohm	Bitte?
Ich	Na ja, Tempelhof war ein bisschen dröge. Also bin ich gegen eins noch nach Lichtenberg gefahren. Mit Lasse, Inga und Claas.
Frau Brohm	Wer sind denn Lasse, Inga und Claas!?
Ich	Na, Kollegen.
Frau Brohm	Herr Bokowski, Sie arbeiten doch gar nicht bei Ikea!
Ich	Das wissen Sie! Aber doch nicht Lasse, Inga und Claas! Das wussten auch Ronny, Mike und Vanessa nicht.
Frau Brohm	Wer zum Teufel sind denn jetzt Ronny, Mike und Vanessa?
Ich	Die hab ich in Lichtenberg kennengelernt. Sehr nett! Mit denen bin ich gegen drei noch auf einen Absacker nach Spandau gefahren.
Frau Brohm	Sie sind mitten in der Nacht auf einen Absacker von Lichtenberg nach Spandau gefahren!?
Ich	Klar. Gab doch einen kostenlosen Shuttle-Service.
Frau Brohm	Und wie war's in Spandau?
Ich	Ganz nett. Die Musik war besser. Und wir haben den Marktleiter aus Tempelhof wieder

	getroffen. Der hat mich auch gleich wiedererkannt.
Frau Brohm	In Spandau?
Ich	Ja. War aber ziemlich drüber. Hat mir ständig an den Hintern gefasst und gesagt, dass er mich zum Abteilungsleiter machen kann, wenn ich will.
Frau Brohm	Und weiter?
Ich	Um kurz nach fünf hat einer aus der Küchenabteilung über das restliche Köttbullar gebrochen. Dann ist die Stimmung irgendwie gekippt.
Frau Brohm	Zu viel finnischer Glühwein?
Ich	Zu viel Köttbullar. Wir haben ihn dann zum Ausnüchtern ins Bällebad ins Småland gelegt.
Frau Brohm	Und dann?
Ich	Rausschmeißermucke und um kurz vor sieben Uhr bin ich mit dem ersten Bus nach Hause.
Frau Brohm	Und jetzt? Ab ins Bett.
Ich	Nee, lieber durchmachen und heute Abend ein bisschen früher in die Federn.
Frau Brohm	Sie können es ja ruhig angehen lassen.
Ich	Vielleicht fahr ich später noch mal zu Ikea.
Frau Brohm	Schon wieder?
Ich	Ich hab doch gestern bei der Tombola gewonnen. In Lichtenberg.
Frau	Und? Was gab's?
Ich	Einen Unterschrank fürs Badezimmer.

Samstag

Gegen 16 Uhr bin ich auf dem Christopher Street Day dem Kollegen Volker Surmann begegnet. Zu meiner großen Überraschung roch er nicht nach der Parade-üblichen Mischung aus Rotkäppchensekt halbtrocken und Rotkäppchensekt erbrochen, sondern lediglich nach ostwestfälischer Nüchternheit. Er hatte sich ein großes Schild gebastelt mit der kryptischen Aufschrift »Ich kann auch nüchtern demonstrieren«. Die Masse an mitleidigen und unverständlichen Blicken war nur schwerlich zu ertragen. Mehrfach wurde er aus der Menge heraus mit kleinen Flaschen Jägermeister beworfen.

Das Ding
aus einer anderen Welt

Es gibt Leute, die studieren Design. Die heißen Dennis oder Christian. So wie Christian und Dennis. Die heißen Dennis und Christian, weil sie 1979 geboren wurden und Dennis und Christian 1979 die beliebtesten Vornamen Deutschlands waren.

Dennis und Christian wohnen im Friedrichshain, und weil sie nicht nur im selben Jahr, sondern auch noch am selben Tag geboren wurden – der Dennis und der Christian –, stehe ich jetzt hier in einer Designerwohnung im Friedrichshain, die entweder Dennis oder Christian gehört, und bin seit einer halben Stunde in eine intensive Konversation mit meinem Bier vertieft, während ich rhetorisch einwandfreien Partygesprächen lausche. Über gebürstete Bauhaus-Türklinken zum Beispiel und ob es für die Harmonie eines Raumes denn besser sei, ihn in »Mausgrau«, »Römisch Umbra« oder »Eierschale« zu streichen. Ich nehme noch einen Schluck von meinem Bier, einen tiefen.

Ich bin übrigens der Einzige, der Bier trinkt, weil Dennis und Christian eifrig damit beschäftigt sind, jedem, der sich selbst durch die Tür hineindesignt, einen selbst gemixten Cocktail mit Zuckerrand in die Hand zu drücken. So wie Anna-Lena, die hat einen Mojito in der Hand und den Zuckerrand in ihrem Mundwinkel. Anna-Lena studiert

Wirtschaftskommunikation. Das hat sie mir nicht gesagt, aber das sieht man. Genau genommen ist sie schon die dritte Anna-Lena, die mich an diesem Abend anquatscht. Ihre Vorgängerin war mir ziemlich unsympathisch, aber weil die neue Anna-Lena jeden ihrer Sätze mit »Meiner Meinung nach« anfängt und dann doch nur *Die Zeit* von vorgestern rezitiert, werde ich auch mit ihr nicht richtig warm und nippe beharrlich an meinem Bier.

»Also meiner Meinung nach wird Kafka unheimlich überschätzt. Dieses Samsa'sche Dilemma, in einen Käfer verwandelt zu werden, hat doch in einer postindustriellen Dienstleistungsgesellschaft überhaupt keinen Wert mehr«, sagt Anna-Lena. Wenn ich es mir genau überlege, ist sie noch ein kleines bisschen schlimmer als Anna-Lena Nummer zwei.

Seitdem sie mit mir redet, bin ich in einen tiefen Hospitalismus verfallen. Jedes Mal, wenn sie einen Satz beendet hat, nicke ich ihr halbherzig zu und nippe an meinem Bier, immer im Wechsel. Das geht seit gefühlten Stunden so. Irgendwann aber wird Anna-Lena ihre Selbstdarstellerei dann doch ein bisschen zu doof, sodass sie aus einer unangenehmen Stille heraus zu fragen beginnt. Ob ich auch hier im Kiez wohne zum Beispiel. Ich muss erleichtert lachen. Ich weiß ja auch, was kommt, und sage ihr, dass ich im Wedding wohne. Jetzt lacht sie. Wenn man Leuten im Friedrichshain, Kreuzberg, Prenzlauer Berg, Steglitz, Hannover oder Zehlendorf erzählt, dass man im Wedding wohnt, finden die das immer fürchterlich lustig. Es scheint für Friedrichshainer und Konsorten die natürliche Reaktion zu sein. Wahrscheinlich ist es ein bisschen so, als wollte mir jemand weismachen, in Königs Wusterhausen zu wohnen, in Hannover oder Zehlendorf, da kriegte ich mich bestimmt auch nicht mehr ein vor Lachen. Das hat jetzt bestimmt eine halbe Minute gedauert, dass ich das gedacht habe. Anna-Lena aber lacht immer noch. Vielleicht gehe ich noch mal schnell aufs Klo, bevor sie merkt, dass ich es ernst meine, oder hole mir ein neues Bier aus dem kleinen Bulthaup-Kühlschrank im Wohnzimmer, der fast genauso aussieht wie die Bang-&-Olufsen-Stereoanlage.

Wenn die Friedrichshainer aufhören zu lachen und ahnen, dass man es wirklich ernst meint mit dem Wedding, hat man meistens ganz schnell wieder seine Ruhe. Anna-Lena aber wird ganz fürchterlich neugierig. Wie ich denn dazu komme, im Wedding zu wohnen, will sie wissen, und ob das nicht fürchterlich gräulich sei, »also gräulich wie die Farbe.« – »Ach, eigentlich gefällt's mir da ganz gut«, sage ich. »Ich bin da irgendwie gestrandet.«

An »irgendwie« glaubt Anna-Lena aber nicht, sagt sie. Das hätte sie nie getan. »Inwieweit, denkst du denn, *bist* du der Wedding?« Anna-Lena war früher auf einer Waldorfschule. Die möchten immer wissen, inwieweit man ein Stadtteil ist oder eine Farbe. Aber was erwartet man auch von Menschen, die ihren Namen tanzen können?

Anna-Lena habe ich jetzt ein bisschen heiß gemacht. Während ich versuche, auf ihre Wedding-Frage zu antworten und etwas von Jogginghosen und regelmäßigem Duschen erzähle, schart sich eine kleine Gruppe von Partygästen um uns herum, um einen Blick auf das Weddinger Kuriosum zu werfen. »Dennis und Christian sind geschwätzige Bastarde«, denke ich. Anna-Lena legt unterdessen mit einer fast pathologischen Neugier den Weddinger in mir frei oder versucht vielmehr, Dinge in mir zu finden, die auf ihre Definition eines Weddingers zutreffen könnten.

Nach ein paar Minuten sieht man vor lauter Leuten den eigenen Verstand nicht mehr vor Augen. Da stehen sie jetzt um uns herum: ein Dutzend H&M-Individualisten. Es dauert nicht lange, bis die Ersten in unsere Unterhaltung einsteigen und anfangen zu erzählen: Von irgendeiner Steffi, die mal im Wedding gewohnt hat, von einem Loft in der Soldiner Straße, wie günstig die Mieten sind und wie »erfrischend« proletarisch die Bevölkerung. Ein Typ namens Jonas will wissen, was der Quadratmeter Miete kostet, und weil ich alles andere als gut im Kopfrechnen bin, stammle ich etwas von 59 Cent. Kurzzeitig ist man aus dem Häuschen. Dann muss ich mich korrigieren: »Ich zahle 380 warm«, sage ich. Die Stimmung sinkt zurück auf null. »Und wie groß ist deine Wohnung?«, fragt Jonas. »69 Quadratmeter«, sage ich, und wieder ist man aus dem Häuschen: Geraune, Gebrabbel, Gefriedrichshaine.

»Ich habe mir in der Pankstraße mal eine Wohnung in einem besetzten Haus angeschaut«, dringt es aus der zweiten Reihe. Wie viele Mojitos man wohl trinken muss, um der ernsthaften Überzeugung zu sein, es gäbe in der Pankstraße besetzte Häuser. Von wem denn bitte? Einer anatolisch-lesbischen Kommune 1?

Das Interesse an meiner Person oder dem, was ich seit 20 Minuten zu vertreten gezwungen werde, wird immer größer. »Der Wedding kommt ja auch!«, wirft Anna-Lena ein. Jeder, der im Wedding wohnt, wird es für wesentlich wahrscheinlicher halten, dass alle 80.000 Weddinger in ihrer

Gesamtheit einen Orgasmus erleben, als jemals Bewohner eines In-Bezirks zu werden. Allmählich nehmen die Gespräche über meine Wahlheimat ein beunruhigendes Maß an Ernsthaftigkeit an. Ich habe ein wenig Sorge davor, dass Anna-Lena und Jonas nach dem nächsten Mojito übereinander herfallen, kopulieren und mit ihren frischgebackenen Kleinfamilien aus Thorbens, Lottes und Annikas in den Wedding ziehen möchten.

»Vielleicht werdet ihr ja der neue Friedrichshain«, sagt Jonas, und ich lache. Ich lache laut auf, als gäbe es keinen abwegigeren Gedanken und ein bisschen, als hinge mein Leben davon ab. Aber sie durchschauen mich. Ihre Designerblicke erkennen das schwitzige Glitzern auf meiner Stirn, den angsterfüllten Ausdruck in meinen Augen. Und ich habe Angst. Panische Angst! Um den Typen, der einem immer Gras andrehen will, während er in unseren Hausflur pinkelt; um meinen Hauswart, der nur grüßt, wenn er morgens besoffen aus dem »See-Tank« stolpert; um den Libanesen von gegenüber, bei dem ich mich nicht traue einzukaufen; meine Nachbarn, die jeden Klingelton als Maxi-Single haben, und um »Fränkels Fleischimbiss« in der Müllerhalle, bei dem man zu jeder Bulette einen Stamm Kolibakterien gratis dazubekommt. Ich habe Angst, dass die Kinder in meinem Hof nicht mehr mit Schnee, Scheiße und Müll nach einem werfen, sondern kleine Arierkinder mich im Vorübergehen um etwas Mehl und Zucker bitten, weil sie im neuen Kinderladen um die Ecke einen Toleranzkuchen backen möchten. Ich habe Angst, dass im Töpferladen in meiner Straße ein Zentrum für multikulturelle Verständigung aufmacht und Tante Elli ihre Kneipe in Ella umbenennt und nur noch ayurvedische Küche aus der südlichen Bretagne anbietet, dass im alten Möbelladen an der Ecke ein Deli aufmacht, ich im Kiosk gegenüber nur noch die Neon, Spex und Bionade bekomme und die Lüderitzstraße die verdammte neue Simon-Dach-Straße wird.

»Ach!«, sage ich. »Meiner Meinung nach wird der Wedding ohnehin überschätzt. Diese beharrliche Erwartung eines umbrechenden urban-kulturellen Aufstiegs hat seit der Berliner Bezirksreform doch überhaupt keinen Wert mehr. Seitdem wir zu Mitte gehören, ist es doch schleichend schon fast ein bisschen pastellig geworden.« Ratloses Schweigen. »Was meinst du denn mit ›pastellig‹?«, will Anna-Lena wissen. »So kontrastlos eben! Diese Galerie in der Schererstraße, das Yogazentrum in der Togostraße, die neue Shisha-Bar in der Brüsseler, die Lesebühne in der Oudenarder, überall Sushi, Latte Macchiato und Club-Mate, und in der Kameruner Straße gibt es sogar einen Bio-Supermarkt.«

Auf einmal steht Anna-Lena wieder ganz alleine neben mir. Hospitalistisch nickt sie mir zu, schaut umher und nippt beharrlich an ihrem Mojito. Gleich wird sie behaupten, mal aufs Klo zu müssen, dann schnappe ich meine Sachen und fahre nach Hause. Nach Hause in den Wedding.

Sonntag

An der Osloer Straße auf die Tram gewartet, als eine Gruppe vierzehnjähriger Mädchen an mir vorbeikam und sich mit Klemmbrettern in der Hand und scheuer Distanz um eine alte Dame scharte.

»Entschuldigung. Wir machen eine Umfrage für unsere Schule zum Thema Internet.«

Die alte Dame lachte leise in sich hinein: »Ach, mit dem Internet hat jemand wie ich doch nichts mehr zu tun«, sagte sie.

Die Mädchen ignorierten die Aussage der alten Frau und begannen damit, Fragen von ihren Klemmbrettern abzulesen.

»Haben Sie einen Internetanschluss?«, fragte die Erste.

»Nein, nein«, sagte die alte Dame und kicherte wieder ein bisschen.

»Haben Sie in den letzten vier Wochen das Internet benutzt?«, fragte die Zweite.

»Ach Kinder, lasst doch gut sein. Ich bin jetzt 83 Jahre alt! Da braucht man so was wirklich nicht mehr.«

Die Mädchen schauten auf. Sie schienen nicht so recht zu wissen, was mit dieser Antwort anzufangen sei. Schließlich fragte das dritte Mädchen: »Aber ärgert Sie das nicht, dass wir das alles können und Sie nicht?«

»Ach, weißt du«, entgegnete die alte Dame, »dafür weiß ich noch, wie man eine Flak abfeuert.«

Auszüge aus dem Evangelium nach Facebook

I.

Die Jungfrau Maria hat ihren Beziehungsstatus geändert.

Die Jungfrau Maria ist in einer Beziehung mit *Josef von Nazareth*.

Josef von Nazareth gefällt das.

Die Jungfrau Maria ist jetzt mit *Erzengel Gabriel* befreundet.

Gott gefällt das.

Der Erzengel Gabriel hat einen Link an Marias Pinnwand gepostet: *Bundeszentrale für gesundheitliche Aufklärung: Über die Gefahren sexuell übertragbarer Krankheiten.*

Die Jungfrau Maria ist jetzt ein Fan von *Unbefleckte Empfängnis*.

Erzengel Gabriel gefällt das.

Die Jungfrau Maria ist jetzt mit *Gott* befreundet.

Die Jungfrau Maria hat ihren Beziehungsstatus geändert.

Die Jungfrau Maria ist jetzt in einer offenen Beziehung.

Die Jungfrau Maria ist interessiert an Männern und allmächtigen Geschöpfen.

Gott gefällt das.

Die Jungfrau Maria, Erzengel Gabriel und Gott werden an der Veranstaltung *Unbefleckte Empfängnis* teilnehmen.

Die Jungfrau Maria ist schwanger.

Josef von Nazareth findet das scheiße.

II.

Erzengel Gabriel ist jetzt befreundet mit *Die Hirten*.

Gott hat einen Link an seine Pinnwand gepostet: *Der Stern von Bethlehem*.

Erzengel Gabriel gefällt das.

Erzengel Gabriel hat einen Link an seiner Pinnwand geteilt: *Der Stern von Bethlehem*.

Die Hirten sind jetzt ein Fan von *Der Stern von Bethlehem*.

Erzengel Gabriel gefällt das.

Die Jungfrau Maria ist jetzt Mutter.

Jesus von Nazareth ist jetzt befreundet mit *Gott*, *Jungfrau Maria* und *Erzengel Gabriel*.

Josef von Nazareth hat ein neues Handybild hochgeladen: *Der kleine Bastard inner Krippe*. Gott gefällt das.

Jesus von Nazareth hat eine Veranstaltung hinzugefügt.

Die Hirten werden an der Veranstaltung *Weihnachten Nummer eins* teilnehmen.

Caspar, Melchior und Balthasar sind jetzt Freunde von *Jesus von Nazareth*.

Caspar, Melchior und Balthasar haben Jesus von Nazareth ein Geschenk an seine Pinnwand gepostet. Möchtest du Jesus von Nazareth auch ein Geschenk an seine Pinnwand posten?

Josef von Nazareth ist jetzt ein Fan von *Myrrhe, Gold und Weihrauch*.

Die Jungfrau Maria ist der Gruppe beigetreten *Der Vater meines Kindes ist ein allmächtiges Geschöpf, zahlt aber trotzdem keinen Unterhalt!*

III.

Jesus, Johannes und 11 andere werden an der Veranstaltung
Das Letzte Abendmahl teilnehmen.

Judas ist jetzt befreundet mit *Die Hohepriester*.

Jesus hat eine Nachricht an Petrus' Pinnwand gepostet:
Noch bevor der Hahn zweimal kräht, wirst du mich dreimal verleugnet haben.

Judas gefällt das.

Jesus hat *Das Brot* auf seiner Pinnwand geteilt.

Simon und 11 anderen gefällt das.

Jesus von Nazareth ist hier: *Garten Gethsemane*.

Judas gefällt das.

Judas hat eine Nachricht an die Pinnwand von *Die Hohepriester* gepostet:
Judas geht jetzt Jesus knutschen. Mitten in der Nacht. Im Garten Gethsemane. ;-)

Jesus wird verhaftet.

Judas gefällt das.

Jesus von Nazareth ist jetzt mit *Pontius Pilatus* befreundet.

Jesus wird an der Veranstaltung *Kreuzigung* teilnehmen.

Jesus wird gekreuzigt.

Den Hohepriestern gefällt das.

Pontius Pilatus hat eine Nachricht an Jesus' Pinnwand gepostet: *INRI*.

Jesus von Nazareth via Twitter: »*Mein Gott, mein Gott. Warum hast du mich verlassen?*«

Jesus von Nazareth stirbt.

Das Profil von Jesus von Nazareth ist zurzeit nicht erreichbar. Bitte versuch es zu einem späteren Zeitpunkt noch einmal.

Jesus von Nazareth ist auferstanden.

Maria Magdalena und 2,3 Milliarden anderen gefällt das.

Montag

Man sollte die junge Frau von gegenüber mal davon in Kenntnis setzen, dass ihre roten Vorhänge alles andere als undurchsichtig sind, wenn sie im Schlafzimmer das Licht anmacht. Außerdem könnte ihr Araber-Freund mit der Tätowierung auf dem rechten Oberarm sie zur Abwechslung ruhig mal ganz normal von vorne nehmen.

Bankgeflüster

Ich habe neuerdings ein Konto bei der Berliner Sparkasse. Aus kreativer Sicht eine ungemein lohnenswerte Anschaffung:

Ich	Guten Morgen.
Frau Befeld	Tach.
Ich	Kann ich Sie was fragen?
Frau Befeld	Ob Se könn, weeß ick nich, aber Se könn's jerne ma vasuchen.
Ich	Geht auch ganz schnell.
Frau Befeld	Jaja. Dit sach ich och imma. Stümmt nie.
Ich	Darf ich trotzdem?
Frau Befeld	Klar. Dabei mach ick hia seit neune extra 'n Jesicht, dass niemand uffe Idee kommt, mia wat fragen zu woll'n. Aber bitte bitte. Schieß'n Se ruhig los, junger Mann.
Ich	Ich hab Probleme mit dem Bankautomat.
Frau Befeld	Soll ick Ihn ma was anvertraun?
Ich	Aber bitte. Gern.
Frau Befeld	Dit is keene Frage, dit is 'ne Aussage.
Ich	Wo Sie recht haben, haben Sie recht.
Frau Befeld	Seh'n Se.
	Aber Sie sehn mia aus wie'n kleveret Kerl-

	chen. Sie kriejen dit schon noch hin mit die Fragerei. Sie müssen dit Janze nur'n bisschen umformulieren.
Ich	Einverstanden: Warum hab ich Probleme mit dem Bankautomat?
Frau Befeld	So jut kenn ick Se leider nicht, dass ich dit beantworten könnte.
Ich	Sind sie kaputt?
Frau Befeld	Nee. Ick war schon immer so.
Ich	Nicht Sie! Ob die Bankautomaten kaputt sind, will ich wissen.
Frau Befeld	»Da kommt keen Geld aus'm Automat. Ick gloob, der is im Eimer!«
Ich	Bitte?
Frau Befeld	Dit is imma dit Erste, was ick zu hören bekomme. Is Ihn' schon ma in'n Sinn jekommen, dass es da vielleicht 'ne andre Ursache jibt, wenn der Automat nichts herjeben will?
Ich	Ich will aber gar nichts abheben.
Frau Befeld	Ach so! Na, dann ist dit ja och keen Wunder, dass da nüscht kommt! Sin Se also doch nich so klever, wie ick anfangs jedacht hab.
Ich	Sie versteh'n mich nicht.
Frau Befeld	Würd ick zwar 'n bisschen anders formulieren, aber im Grunde ham Se recht. Ick vasteh Se würklich nich.
Ich	Ich will nichts abheben. Ich will was einzahlen!
Frau Befeld	Wat woll'n Se?
Ich	Was einzahlen!

Frau Befeld	Wie »was einzahlen«!?
Ich	Na, was einzahlen will ich! Geld. Aus meiner Hand auf mein Konto!
Frau Befeld	Se sind nich von hia, wa?
Ich	Was?
Frau Befeld	Komm Se ma her.
Ich	Was?
Frau Befeld	Komm Se ma näher ... noch näher ... Dreh'n Se sich ma um. Aber langsam. Sehn Se dit? Die Leute da. Inna Schlange hinta Ihn'? 20 traurige Jesichter. Eens hässlicher wie dit andere. Glooben Se ernsthaft, von denen will och nur eener wat einzahln?
Ich	Wollen Sie mir weismachen, dass man bei Ihrer Bank kein Geld einzahlen kann?
Frau Befeld	Wenn dit meene Bank wär, würd ick och keene Einzahlungen anbieten. Ick würd aber och keene Auszahlungen machen. Is aba nich meene Bank.
Ich	Zum Glück.
Frau Befeld	Jetz wer'n Se mia ma nich unfreundlich, junger Mann.
Ich	Kann ich nun was einzahlen oder nicht?
Frau Befeld	Kann ick Ihn' nich sagen. Kommt hia nich so häufig vor. Ick arbeite ja och noch nicht so lange hia.
Ich	Seit wann denn?
Frau Befeld	Lassen Se mich ma rechnen. Wann war dit mit die Mauer?
Ich	'89?

Frau Befeld	Nee. '61.
Ich	Ich hab das Jefühl, wir kommen hier nicht weiter.
Frau Befeld	Kenn ick. Kenn ick sehr jut. Ick hab dit Jefühl jeden Tag. Montag bis Freitag. Von neune bis um fünf.
Ich	Sie können also gar nichts für mich tun?
Frau Befeld	Ick kann ma den Filialleiter fragen, wejen die Einzahlung. Heeßt dat wirklich so? Ein-Zahlung? Klingt so komisch. Gloob nich, dass ick dit Wort schoma in'n Mund jenommen hab. Ein-Zahlung. Na ick frag mal den Herrn Heßlein, damit Se sich 'n bisschen besser fühlen, wa. HERR HESSLEIN! Hier will eener wat einzahlen.
Herr Heßlein	Wat will der?
Frau Befeld	Wat einzahlen will der.
Herr Heßlein	Wie »wat einzahlen«!?
Frau Befeld	Na, wat einzahlen! Geld. Vonner Kralle uffs Konto!
Herr Heßlein	Is nich von hier, wa?
Frau Befeld	Nee. Ick gloob, der will investieren.
Herr Heßlein	Investieren? Im Wedding?
Frau Befeld	Ja.
Herr Heßlein	Hat der ma inne Zeitung jekuckt die letzten zwei Jahre? Wie's uns hier so jeht? Bei dem ganzen Euro-Debakel will doch keener mehr was einzahlen. Zeig'n Se ihm ma den Conny.
Ich	Wen?

Frau Befeld	Na, Conny!
Ich	Wer ist denn Conny?
Herr Heßlein	Kiecken Se ma raus. Rüber. Auff'n Platz! Seh'n Se den Mann mit die Brüste und die Lederweste? Mit der tätowierten Gesichtshälfte und dem Sternburg inna Hand? Dit is Conny! Conny is der Letzte, der hier wat einjezahlt hat. Und jetzt schaun Se ma, was aus dem jeworden is.
Frau Befeld	Verstecken Se Ihr Geld doch lieba unter die Matratze. Wenn Se kein Bettnässer mehr sind, ham Se da wenigstens Kapitalschutz.
Ich	Sie müssen mir doch irgendeine Form von Kapitalzuwachs anbieten können. Tagesgeld, Sparbuch, Anleihen, Festgeld, irgendwas.
Herr Heßlein	Kenn Se dit Nähmaschinencenter anna Ecke? Gleich gegenüber is 'ne Türkenbank. Die sind noch nich inner EU. Den' jeht's noch besser als uns. Probier'n Se da ma Ihr Glück.
Ich	Ich kann doch nicht mal türkisch!
Frau Befeld	Wat soll er denn dann bei die Türken?
Herr Heßlein	Dann soll er halt in die Zahnklinik nebenan gehen und sich ein paar Goldzähne machen lassen. Dann hat er wenigstens wat für später. Für die Kinder. Zum Vererben.
Ich	Ich will keine Goldzähne. Ich will auch zu keiner türkischen Bank. Hör'n Sie, ich bin extra von der Deutschen Bank zur Sparkasse gewechselt. Ich will mein Geld anlegen!

Herr Heßlein	Jetzt mach'n Se doch keen'n Uffstand. Wie viel will er denn?
Frau Befeld	Was?
Herr Heßlein	Na, einzahl'n!
Frau Befeld	Wie viel woll'n Se denn einzahl'n?
Ich	Hundert.
Frau Befeld	Hundert was?
Ich	Euro!
Frau Befeld	Euro will er einzahl'n!
Herr Heßlein	Hundert Euro!? Was ham Se denn vor? Woll'n Se 'ne Bank übernehmen?
Ich	Bitte?
Herr Heßlein	Ich mach Ihn'n Vorschlag. Sie lassen das mit die Einzahlung.
Ich	Nein! Ich will jetzt was mit Zinssatz. Irgendwas! Ich kauf auch Aktien.
Herr Heßlein	Jetzt hör'n Se doch ma zu! Das brauch in der Zentrale doch niemand zu wissen, dass hier bei uns jemand versucht hat, Jeld einzuzahlen. Wir regeln dit unter uns! Sie lassen dit mit der Einzahlung einfach und wir jeben Ihnen dafür 'ne pauschale Zinsauszahlung.
Ich	Eine pauschale Zinsauszahlung!?
Herr Heßlein	Ja. Sagen wir fuffzich Euro. Bar uff die Hand. Aus reiner Kulanz! Bleibt aber unter uns! Und nur, wenn Sie mir versprechen, dit Se nie wieder zu uns in die Filiale kommen.
Frau Befeld	Na, dit Glück will ick och ma ham!
Ich	Gut. Abgemacht!

Herr Heßlein	Frau Befeld, zahl'n Sie dem jungen Mann bitte fuffzich Euro aus, und dann raus hier mit dem Kapitalistenschwein.
Frau Befeld	Da ham Se ja richtig Glück jehabt, junger Mann. Sonst ist der Herr Heßlein nich so 'ne kulante Type. Schon jar nich im Umjang mit die Kundschaft.
	Hier ham Se Ihre fuffzich Euro.
Ich	Danke.
Frau Befeld	Eene Frage hätt ick da aber noch. Kann ick?
Ich	Ob Sie können, weiß ich nicht, aber Sie könn's gerne mal versuchen.
Frau Befeld	So unter uns. Sie, mit Ihrem Hunni. Bei wie vielen Banken sinn' Se heute schon jewesen?
Ich	17 oder 18.
Frau Befeld	Und wo jehn' Se jetz hin?
Ich	Ich probier's mal bei den Türken.
Frau Befeld	Hab ick's doch jesacht: 'n janz kleveret Kerlchen ...

Dienstag

Ich bin gestürzt. Auf der Treppe im zweiten Stock hat sich der rote Sisalteppich gelöst. Ich beschließe, einen Brief an meine Hausverwaltung zu schreiben:

*Sehr geehrter Herr Künerich,
hiermit informiere ich Sie darüber, dass sich der rote Sisalteppich in unserem Hausflur an verschiedenen Stellen gelöst hat. Ferner möchte ich Sie darüber in Kenntnis setzen, dass wir eine gehbehinderte Person hohen Alters in unserem Hause haben. Der lose Teppich stellt somit eine besondere Gefahrensituation dar. Ich bitte Sie daher darum, diese Mängel alsbald zu beseitigen.
MfG – PB*

Freunde von mir sagen, ich schreibe Brief wie ein autistischer Nazi.

Wenige Tage später erreicht mich die Antwort meiner Hausverwaltung:

*Sehr geehrter Herr Bokowski,
wir haben die von Ihnen beschriebenen Mängel zur Kenntnis genommen. Sollte es sich bei der von Ihnen erwähnten »gehbehinderten Person hohen Alters« um Margot Sackmann aus*

dem vierten Stock handeln, so sind wir gerne bereit, einen etwaigen Personenschaden wissentlich in Kauf zu nehmen.
Mit freundlichen Grüßen
Harry Künerich

Der Versuch der alten Dame

Dieser Monolog ist eine Niederschrift. In tiefer Dankbarkeit an jene unbekannte Frau, die mich nach der Premiere vom »Vetter aus Dingsda« im Foyer der Komischen Oper angesprochen hat:

»Ach … nein … Also, ich … nein … oder? Doch doch. Nein, oder? Aber die … Also einen Augenblick … Oder nicht? Doch! Also einen … also einen Augenblick war ich mir jetzt nicht sicher, aber jetzt … also jetzt … aber jetzt, wo ich Sie hier so stehen sehe, Sie so, mit Ihren Armen und so. Sie sind doch der … Sind Sie, nicht? Na, Sie sind doch der … Na, Sie sind doch der mit dem Backblog. Na, der mit dem Backblog! Also der, der so backt und so bloggt und auch schreibt und so. Aber ich kenn Sie ja nur von Ihrem Backblog. Also so gar nicht vom Schreiben leider. Nur so vom Backen, also von dem Foto eigentlich. Also dem kleinen. Also, einen Augenblick war ich mir jetzt wirklich überhaupt nicht sicher, aber jetzt, also jetzt, und die Ohren, ja! Das sind doch Sie. Also das ist mir … also das ist mir jetzt ja fast schon ein bisschen unangenehm. Also, auf jeden Fall, wirklich ganz, ganz toll das Ganze. Also wirklich! Also jetzt wirklich, wirklich! Das Design und die Bilder und dass man jedes Rezept so ausdrucken kann, das ist schon alles toll gemacht. Wie viel

Arbeit da drinsteckt! Da hätt ich ja gar keine Zeit zu. Und die Rezepte natürlich. Die Rezepte! Also, die Rezepte ... da ist bestimmt das eine oder andere Gute dabei. Ich war ganz verliebt in diese Macarons. Diese kleinen französischen ... Na, die mit Eischaum. Raffiniert! So was von raffiniert! Wirklich schade. Ich hab ja die Hälfte weggeschmissen. Nee, die sind einfach nichts geworden. Also, jetzt versteh'n Sie mich bitte nicht falsch: Ich hab da schon alles richtig gemacht, aber das Rezept, da war irgendwo der Wurm drin. Die waren alle noch so weich und klebrig. Richtig eklig war das. Das hat auch nicht mehr gut ausgesehen. Ich glaub, wenn man das kann, werden die richtig gut – aber so? Nee, das war einfach nichts. Wir sind ja am gleichen Tag noch zu meiner Mutter gefahren, und der geht's ja grad nicht so gut, Darmausgang und Kolik und so, da wollt ich die einfach nicht mitnehmen. Das hat dann auch überhaupt nichts mit Ihnen zu tun, aber wenn da was passiert ... So eine alte kranke Frau, da fehlt ja nicht mehr viel. Ich hab dann lieber noch was gekauft. Da ist mir dann irgendwie wohler bei. Ich find das aber gut, dass Sie das machen. Ich würd da auch nie was Schlechtes gegen sagen. So öffentlich, meine ich. Kommentieren und so. Nee nee, das is mir nichts. Das hat dann ja gar keinen Wert. Wenn ich ihn mal treffe, hab ich immer gedacht, dann sag ich ihm das mal. Da freut er sich vielleicht. Aber so anonym im Internet, wenn man nicht weiß, woher das kommt. Wenn man so gar kein Gesicht vor Augen hat, mit dem man das verbinden kann. Das macht man doch nicht. Also einfach so da etwas reinschreiben ... Wenn jetzt wirklich was passiert wäre, also wirklich was passiert, mit meiner Mutter wegen den Macarons und so, dann hätt ich schon was kommentiert. Aber auch nur ganz kurz. Nüchtern und sachlich. Man will da ja nicht unfair werden. Einfach nur, dass Mutter die Macarons gegessen hat und kurz danach verstorben ist. Das reicht ja dann auch. Mehr muss man ja gar nicht sagen. Die Leute sind ja nicht doof. Die werden sich ihren Teil schon denken.

Nein, ich find das wirklich gut, dass Sie das machen, diesen Blog. Der läuft ja auch gut. Der läuft ja auch wirklich gut. Und wenn den Leuten zu Hause mal was danebengeht, dann denken die ja nicht gleich ›Scheißrezept‹. Die sind da ja alle unsicher. Die sagen dann: Ich hab bestimmt zu viel Milch genommen und die Butter war ein bisschen drüber und dieser Gasofen ... Ich sag immer: Was gibt es denn Besseres als ein unkritisches Publikum? Sie machen das schon alles ganz richtig so. Mit Qualität erreicht man die breite Masse nicht. Gucken Sie sich Mario Barth an, Cindy aus Marzahn, Dieter Bohlen. Das hat doch alles nichts mit Qualität zu tun. Natürlich kommt in einen Cheesecake kein Speisequark. Das weiß man eigentlich! Aber ich versteh schon, warum Sie das gemacht haben: Man kann den Leuten ja nicht zumuten, echten Cream Cheese zu besorgen. Grandios! Also wirklich grandios. Also ich könnte das nicht. Ich könnte das wirklich nicht! Jeden Morgen aufwachen mit dem Gefühl, sich an die breite Masse verkauft zu haben. Nein. Aber wissen Sie: Ich will das auch gar nicht! Da liegt ja auch der eigentlich Unterschied. Ich werde nicht angesprochen auf der Straße. Zu mir kommt niemand und sagt ›Sie sind doch der Dings, oder? Sind Sie nicht?‹. Ich find das wirklich toll, dass Sie das machen. Ich meine, das ist ja so viel Aufmerksamkeit für Sie. Und Sie haben recht: Das braucht man. Das braucht man einfach. Da haben Sie so recht. Gerade dann, wenn man als Autor keinen Erfolg hat, gerade dann! Ich finde das so gut, dass Sie den Kopf nicht einfach in den Sand stecken. Ich finde das wirklich toll! Und so mutig! Sie als Mann! Das ist so mutig! Nur das mit der Werbung. Das gefällt mir nicht. Ich mein, mein Sohn hat mir die natürlich ausgeblendet. Aber das merkt man einfach, dass da Werbung ist. Aber ich find das ja gut, dass Sie sich ausprobieren. Ich hab ja auch schon mal die Piraten gewählt. Den mit dem Kopftuch. Find ich gut. Find ich schon wirklich gut. Unter uns … Ach … Das beste Rezept … Das beste … ist der Apfel-Walnuss-Kuchen. Ich habe so gelacht! Ich hab's mir ausgedruckt, ich hab's mir durchgelesen, und ich habe so gelacht! Ganz am Anfang haben Sie geschrieben: ›Drei Minuten weiterschlafen.‹ Ich habe so gelacht! Ich hab das gleich gepostet. Bei Facebook. Geh'n Sie da mal hin. Ihr Blog und Facebook. Das kann ich mir wirklich vorstellen. Ich schick Ihnen mal ein richtiges Macarons-Rezept. Das ist gar nicht so schwer. Wenn Sie das ein paar Mal versucht haben, dann kriegen Sie das hin. Oh. Ich seh grad, ich muss ja jetzt. Aber die Bilder, die Bilder … Mann, wie spät das schon wieder geworden ist … aber die Bilder, also die Bilder, die sind, also die Bilder sind, also die sind wirklich … also die Bilder, wirklich!«

Mittwoch

Gegen sieben Uhr hat Mutter angerufen. Sie wollte wissen, ob ich am Nachmittag Zeit und Lust hätte, mal mit ihr zu skypen. »Skypen«. Sie sagte »Skypen«! Schlaftrunken erbat ich mir Bedenkzeit und spiele seitdem mit dem Gedanken, meinen Vertrag bei Alice zu kündigen und auf ein Analogtelefon und die Deutsche Reichspost umzusteigen.

Photoshop, mon amour

Ich hatte meine Nemesis gefunden, meinen Moriarty. Gebückt stand Karl Jassinski an meinem Platz, die dünnen Ärmchen zu einem Knoten verschlungen, und blickte skeptisch, mit Missgunst in seinen Augen, auf mein Bild hinab. Seine spröden Lippen waren wie immer leicht geöffnet, sodass der faulige Geruch seines Charakters zwischen den Buddenbrook'schen Zähnchen entweichen konnte. »Schau an! Ein Kandinski!«, sagte er spitz und zog einen Schwall seines eigenen Gestankes durch seine dicken Nüstern. »Nein«, antwortete ich und unterdrückte den Tonfall der Überraschung, der in meiner Stimme lag. »Nur ein Bokowski!«, sagte ich.

Der Kunstsaal im vierten Stock war in ein neonweißes Licht getaucht. Der Geruch von Patschuli, Käsebrot und Sportsocken hatte die Lüftung zum Erliegen gebracht. »Nein, nein. Ich bin mir ganz sicher«, sagte er. »Das ist Kandinski.«

Frau Menkhoff hatte den Schülern ihres Kunstkurses aufgetragen, sich in expressionistischer Malerei zu versuchen. Jetzt schlich sie wie eine alte Löwin durch die engen Reihen, brüllte in regelmäßigen Abständen, dass wir keine Spiegeleier malen sollten, woraufhin ein Reißen zu hören war und ein Ball zerknäulten Papiers durch die Luft flog.

»Ich glaube, du hast das Original einfach nur verändert«, sagte Karl. Fragend blickte ich ihn an. »Du hast das Bild in vier Teile geteilt!«, sagte er und fuchtelte mit seinen dünnen Fingern in der Luft herum. »Du hast die einzelnen Teile gespiegelt, neu zusammengefügt und die Farben einfach umgekehrt. Invertiert, nicht wahr? So nennt man das doch bei Photoshop.«

In meiner Hosentasche fühlte ich den zusammengefalteten Ausdruck meines Photoshop-Entwurfes, sodass ich kaum verhindern konnte, dass mir eine nicht zu übersehende Schamesröte ins Gesicht stieg. »Aber mal erst mal weiter«, sagte Karl und verzog seine spröden Lippen zu einem listigen Grinsen. »Ich komme später noch mal wieder.«

»Der einfachste Weg ist der Weg der Wahrheit«, heißt es in einem meiner Lieblingsbücher. Ich habe dies von jeher als Herausforderung betrachtet, einen noch einfacheren Weg zu finden. Meine Karriere begann im Alter von elf Jahren. Ein nicht zu leugnender Hang zum Müßiggang hatte mir im Fach Mathematik eine Zensur eingehandelt, die in meinen Eltern keineswegs die Todsünde der Trägheit, sondern vielmehr die letzte der großen Sieben, den Zorn, erwecken würde. Eine rote strahlende »6« leuchtete mir aus meinem Matheheft entgegen. Genau fuhr ich mit meinem Blick die Linien und Rundungen der Ziffer entlang und überlegte fieberhaft, wie aus dieser »6« wohl eine »3« zu machen sei. Ein einfaches »befriedigend«, mehr verlangte ich gar nicht. Auf dem Heimweg kam mir die rettende Idee. Zu Hause angekommen, öffnete ich mit einem Taschenmesser die Metallklammern des Heftes und löste die Seiten aus ihrer

Verankerung. Wenn aus der »6« schon keine anständige »3« zu formen war, so würde ich einfach eine neue Arbeit brauchen. Ich schrieb besagte Arbeit also ein zweites Mal. Am heimischen Schreibtisch. Ich erlaubte mir hier und da, ein paar kleine Verbesserungen meiner eigenen Rechnungen anzustellen, und konnte dann auch die Korrekturen, die ich natürlich selbst mit einem roten Stabilo-Stift hinzufügte, ein bisschen milder ausfallen lassen. Als ich fertig war, fädelte ich die neuen Seiten wieder in das Heft, schrieb einen neuen Notenspiegel und setzte eine harmlos rote »3« unter mein Machwerk. Das Kürzel meines Lehrers hatte ich mir in den kleinen Arbeitspausen angeeignet – ein kurzer Schriftzug, der mir bis heute im Gedächtnis geblieben ist. Stolz blickte ich auf das fertige Ergebnis. Ich fühlte mich wie Konrad Kujau. Nächster Halt: Die Hitler-Tagebücher.

In der kurzen Pause, die zwischen den Kunststunden lag, konnte ich das niederträchtige Grinsen Karl Jassinskis in meinem Nacken brennen spüren. Langsam erhob ich mich von meinem Platz und schlängelte mich durch die Reihen bis an die hinterste Bank. »Gut, Jassinski. Was willst du?«, fragte ich in nüchternem Tonfall. »Den Bokowski will ich«, sagte er spitz, ohne von seinem Spiegelei aufzublicken. »Unmöglich«, sagte ich. »Sie hat mein Bild doch schon gesehen. Vorhin erst!«

»Ich glaube, es gibt schon lange keinen Zusammenhang mehr«, entgegnete Jassinski, »zwischen dem, was Frau Menkhoff sieht, und dem, woran sie sich erinnern kann.«

Und mit diesem Satz ahmte er eine schnelle Handbewegung nach, als kippte er einen unsichtbaren Schnaps in sich hinein. Frau Menkhoffs Hang zum Frühschoppen in der ersten großen Pause und ihr Spirituosenbunker hinter dem Tonofen waren ein offenes Geheimnis an unserer Schule. »Tut mir leid, Jassinski«, sagte ich und wollte mich wieder auf den Rückweg zu meinem Platz machen, als abermals seine krächzende Stimme, ein wenig lauter als zuvor, ertönte: »Ich weiß auch von den Parkzetteln.« Das Blut in meinen Adern gefror.

In der neunten Klasse wurde ich Mitglied der Theater-AG. Jeden Samstagvormittag fuhr ich mit Natascha Winkler, die drei Jahre älter war als ich und nicht nur einen Führerschein, sondern auch ein kleines Auto hatte, über die Theodor-Heuss-Brücke nach Mainz. Die meisten Parkplätze um unsere Schule herum waren kostenpflichtig, und so teilten wir uns das Parkgeld. Schnell begann ich, mir die Parkzettel, die der Automat ausspuckte, einmal genauer anzuschauen. Sie waren simpel konstruiert und verfügten weder über ein aufgedrucktes Logo noch über eine Kennzahl. Wenn man also wusste, wann und wo man parken wollte, sollte es kein Problem sein, die kleinen Dinger am heimischen Rechner nachzubasteln. Mein frühe Jugendliebe Photoshop gab mir Recht in diesen Dingen. Schnell hatte ich die pixelige Schriftart nachgebastelt und druckte Parkzettel auf 60-Gramm-Papier, die täuschend echt aussahen und über jede notwendige Information verfügten: die Straße, das Datum, die Uhrzeit. Sogar an die maximale Parkdauer hatte ich gedacht, und während die älteren Mitglieder unserer AG zum Rauchen vor die Tür gingen, schlenderte ich zu unserem Wagen und legte einen neuen der selbstgemachten Parkzettel hinter die Windschutzscheibe. Hin und wieder warf ich dabei einen kurzen Blick in eines der anderen Autos, um auch ja sicherzugehen, dass sich das Design seit der letzten Woche nicht verändert hatte. Sechs Jahre lang war ich Mitglied der AG. Jeden Samstag probten wir, für gewöhnlich von 10 bis 14 Uhr. An den Wochen vor den jeweiligen Aufführungen kamen wir sogar sonntags im verlassenen Schulgebäude zusammen. Wenn ich mich nun richtig daran erinnere, dass eine Stunde Parken damals eine Mark gekostet hat und ich die Wochenenden überschlage, komme ich zu dem überraschenden Ergebnis, die Stadt Mainz in meinen sechs Jahren Theater-AG um knappe 1.700 Mark betrogen zu haben.

»Jassinski. Mit Doppel-s«, sagte Karl und blickte mir hämisch grinsend ins Gesicht. Als ich mich wortlos umwandte, um zu gehen, packte er mich am Handgelenk. «Ich meine das ernst, Bokowski«, zischte er. Voller Ekel löste ich meine Hand aus seinem Griff und schlich davon.

Als ich mit der Schule fertig war und mein Abitur in der Tasche hatte, beschloss ich, der Stadt Mainz, vielleicht auch wegen der Sache mit den Parkzetteln, den Rücken zu kehren. Ich wollte nach Berlin, was in meiner Familie auf kein besonders großes Maß an Gegenliebe stieß. Als einziges Kind meiner Eltern waren sie natürlich sehr darauf bedacht, mich in ihrer Nähe zu wissen. Besonders meine Mutter drängte mich dazu, an der Mainzer Uni Medizin zu studieren. Aber der Drang, in die Hauptstadt zu gehen, war sehr groß, und so entschloss man sich dazu, in dieser Angelegenheit den Zufall entscheiden zu lassen. Meine Mutter schlug mir vor, ich solle mich bei der ZVS, der Zentralstelle für die Vergabe von Studienplätzen, bewerben. Würden sie mich ablehnen, könne ich von ihr aus nach Berlin gehen, würden sie mich aber nehmen, bliebe ich bis zum Ende des Studiums in Mainz. Ich willigte ein und bewarb mich.

Nun ist so ein Ablehnungsbescheid der ZVS aber ein ungemein simpel gestricktes Formular, und so fing ich wenige Wochen später den Umschlag mit der Zusage ab, öffnete ihn mit heißem Wasserdampf, vernichtete seinen Inhalt und bestückte den leeren Umschlag mit dem Meisterstück meiner Photoshop-Karriere. Vierzehn Tage später bezog ich meine erste Wohnung in der bundesdeutschen Hauptstadt.

Als die Doppelstunde zu Ende war und Frau Menkhoff uns anwies, die fertigen Bilder nach vorne durchzureichen, drehte ich mich um und blickte kurz zurück. Karl Jassinski stand in der letzten Bank und starrte streng in meine Richtung. Ich hatte meine Nemesis gefunden, meinen Moriarty. Ich wendete den Bogen Papier, auf den ich mein Plagiat gezeichnet hatte, und kritzelte Karl Jassinskis Namen auf die Rückseite. Eine Woche später bekam er 15 Punkte dafür, die Bestnote. Welche Zensur ich für sein giftgrünes Spiegelei bekommen habe, muss an dieser Stelle wohl nicht einmal erwähnt werden. Ich bekam mein Abitur trotzdem, machte an der Mainzer Uniklinik meinen Zivildienst und zog frohen Mutes nach Berlin. Karl Jassinski habe ich seit unserer Schulzeit nicht mehr wiedergesehen. Irgendwann hörte ich von Freunden, er wolle sich in Heidelberg bewerben. Für Pharmazie. Bei der ZVS. Und sagen wir mal so: Ob sie ihn genommen haben, weiß ich nicht. Aber einen Ablehnungsbescheid hat er bekommen.

Donnerstag

Am frühen Nachmittag habe ich einen Brief meines Onkels aus dem Briefkasten gefischt. Der Bruder meines Vaters ist eine sonderbare Kreatur. Der Begriff »Kreatur« mag negativ erscheinen, muss an dieser Stelle allerdings als Euphemismus gewertet werden, sprechen wir doch von einem Mann, der aussieht wie eine osteuropäische Hammerwerferin im Ruhestand, die seit Ende der siebziger Jahre unter psychosomatischem Fresswahn leidet und sich darüber hinaus in einen religiösen Wahn geflüchtet hat, seit in die Sozialwohnung unter ihm eine türkische Familie gezogen ist.

Mein Onkel, das herzensgute Ding, schickt mir eine Glückwunschkarte zu meinem 29. Geburtstag (in sechs Wochen). Darauf eine handschriftliche Notiz: »3. Buch Mose, Vers 22: Der Mann soll nicht beim Manne liegen, wie er bei einer Frau liegt.«

Du bist jetzt Opfer

Unlängst wurde ich Opfer eines Raubüberfalls. Gegen zwei Uhr morgens wurde ich auf dem Heimweg im Eingang meines Hauses von einer vermummten Person bedrängt und unter Androhung körperlicher Gewalt aufgefordert, mein Bargeld und mein Mobiltelefon herauszugeben.

Es folgen drei szenische Darstellungen dieses Überfalls.

Darstellung Nummer 1: Wie es wirklich war

Täter   Ey, 'tschuldigung?
Ich   Ja?
Täter   Hast du eine Zigarette?
Ich   Tut mir leid, aber ich rauche nicht.
Täter   Dann gib mir jetzt dein Geld! … Ey, nich abhauen. Gib mir dein Geld, hab ich gesagt!
Ich   Ganz ruhig!
Täter   Du gibst mir jetzt dein Geld!
Ich   Ja, ganz ruhig. Du, mein Portemonnaie, ehm, das muss ich aber behalten.
Täter   Ja, gut.
Ich   Sind, glaub ich, nur fünf Euro.
Täter   Scheißegal. Gib her.

Ich	Oh! Hier! Wirklich nur fünf. Ehm, ich kann dir ja auch noch das Kleingeld geben, wenn du willst.
Täter	Hast du Handy?
Ich	Nee. Tut mir leid, aber ich habe kein Handy.
Täter	Was ist in dem Rucksack?
Ich	Da sind nur meine Texte drin.
Täter	Texte?
Ich	Ja. Texte. Ich bin Autor. Ich schreibe Texte.
Täter	Was für Texte?
Ich	Lesetexte. Ich trete damit auf.
Täter	So Poetry-Slam und so?
Ich	Nee. Also, na ja, manchmal. Eigentlich trete ich bei Lesungen und auf Lesebühnen auf. Willst du sehen?
Täter	Nee, schon gut! Jetzt gib mir dein Handy.
Ich	Ich habe kein Handy!
Täter	Was ist das?
Ich	Das ist mein iPod.
Täter	Auch gut. Gib her! ... Sag mal, du bist so ruhig. Passiert dir so was öfter?
Ich	Äh, nee. Das ist das erste Mal heute.
Täter	Krass. Ich würde mir ja in die Hose scheißen vor Angst. ... So. Und jetzt dein Handy! *(Er zückt einen Schlagring und zieht ihn sich über.)*
Ich	Hör zu. Ich will keinen Ärger. Ich habe kein Handy, okay? Ich will wirklich keinen Stress!
Täter	Kann ich deine Jackentaschen abtasten?
Ich	Äh, ob du ...? Ja, klar. Hier. Nichts drin. Nur mein Hausschlüssel.
Täter	Okay. Zeig noch mal dein Portemonnaie.

Ich	Das brauch ich aber noch. Wirklich.
Täter	Ja verdammt. Is' ja gut. Dreh mal um und schüttle.
Ich	Wie »schüttle«?
Täter	Na, dein Portemonnaie.
Ich	Das war wirklich alles. Tut mir leid.
Täter	Okay. Dann geh ich jetzt. Tschüss!
Ich	Äh, ja. Schönen Abend noch!
Täter	Ja, dir auch. … Ehm. Du?
Ich	Ja?
Täter	Ich würde das übrigens nicht machen, wenn ich es nicht machen müsste.
Ich	Ja, du … ich auch nicht!

Darstellung Nummer 2:

Täter	Ey, 'tschuldigung?
Ich	Ja?
Täter	Hast du eine Zigarette?
Ich	Tut mir leid, aber ich rauche nicht.
Täter	Dann gib mal dein Geld.
Ich	Wie? Für Zigaretten?
Täter	Nein, einfach so.
Ich	Wie? »Einfach so«?
Täter	Na, du gibst mir jetzt dein Geld.
Ich	Warum soll ich dir mein Geld geben?
Täter	Ey, weil das hier ein Raubüberfall ist.
Ich	Ach so! Ja, Moment. Mein Portemonnaie muss ich aber behalten.

Täter	Ja, gut.
Ich	Sind aber nur fünf Euro, glaube ich.
Täter	Scheißegal. Gib her.
Ich	O je. Wirklich nur fünf! ... Kleingeld?
Täter	Wie, »Kleingeld«?
Ich	Na, willst du das Kleingeld auch noch haben?
Täter	Ich bin doch keine Bank! ... Wie viel isses denn?
Ich	Keine Ahnung. Drei Euro?
Täter	Gib schon her.
Ich	Sag mal, du bist so unkoordiniert. Passiert dir so was öfter?
Täter	Hä?
Ich	Oder machste das zum ersten Mal?
Täter	Wie, »unkoordiniert«?
Ich	Na ja. Du hast dich nicht vermummt, ich sehe dein Gesicht, du hast keine Waffe, du bist nicht wesentlich größer als ich. Ich meine: Du hast wirklich Glück, dass ich ein absoluter Schwächling bin. Einem wildfremden Mann einfach so in einen dunklen Hauseingang zu folgen! Was dir da alles passieren könnte! Und dann nimmst du mir 8,50 Euro ab und fragst mich nicht mal nach meinem Handy.
Täter	Hast du ein Handy?
Ich	Nee. Hab ich nicht.
Täter	Okay.
Ich	Wie »okay«? Sach mal, geht's noch? »Okay«!? Ich sag dir doch nicht die Wahrheit! Du musst jetzt schon noch mal fragen! Mit ein bisschen mehr Nachdruck! Am besten gar keine Frage stellen,

sondern direkt eine Aufforderung aussprechen. »Gib mir dein Handy! Gib mir dein Handy!«

Täter Gib mir dein Handy!
Ich Ja, sehr gut.
Täter Du gibst mir jetzt dein Handy!
Ich Bravo! Viel besser!
Täter Dann gibst du mir jetzt dein Handy.
Ich Ja, würde ich jetzt tatsächlich machen. Ich hab aber gar keins.
Täter Okay.
Ich NIX »OKAY«!!! Nicht aufhören! Immer schön weiter fragen! Wir haben doch Zeit. Hier stört doch keiner.
Täter Äh. Gut. Was is'n in dem Rucksack?
Ich Ach da! Da ist Literatur drin, das interessiert so einen wie dich sowieso nicht. Aber ich habe einen iPod. Du könntest nach dem iPod fragen.
Täter Was is'n da drauf?
Ich Wie!? »Was is'n da drauf«?! Ist doch total scheißegal, was da drauf ist! Die *Einstürzenden Neubauten* sind da drauf!
Täter Na siehste!
Ich Was »na siehste«? Ich glaub, es hackt! Das ist doch nicht normal. Du gibt's mir jetzt mein Geld zurück und wir fangen noch mal von vorne an. Keine Widerrede. Ja, danke! Auch das Kleingeld! Genau! Und jetzt gehst du raus, kommst noch mal rein, und dann fangen wir noch mal ganz von vorne an.
Täter Ganz von vorne?

Ich	Ja! Ganz von vorne! »Hast du mal 'ne Zigarette?« Das war gar nicht so schlecht!
Täter	Okay ... Kann ich jetzt wieder reinkommen? ... Hey du! Ich komm jetzt wieder rein ... Ich komm jetzt. Hey, hast du mal 'ne ... Hallo? Hallo? ... Wo bist du denn jetzt?

Darstellung Nummer 3:

Täter	Ey, 'tschuldigung?
Ich	Ja?
Täter	Hast du eine Zigarette?
Ich	Tut mir leid, aber ich rauche nicht.
Täter	Dann gibst du mir jetzt dein Geld.
Ich	Okay. Ganz ruhig.
Täter	Mach schon.
Ich	Ist aber nicht viel, glaube ich. Tut mir leid.
Täter	Egal. Gib her.
Ich	Hier. Leider nur fünf Euro. Du, mein Portemonnaie muss ich aber behalten.
Täter	Okay. Jetzt gib mir dein Handy.
Ich	Ehm, tut mir leid. Aber ich habe kein Handy.
Täter	Du gibst mir jetzt dein Handy.
Ich	Hey, ganz ruhig. Ich will wirklich keinen Ärger, okay? Ich habe kein Handy. Ehrlich!
	(Ein Handy klingelt.)
Täter	Bist du verrückt, mich bescheißen zu wollen?
Ich	Tut mir leid. Ich dachte, es klappt vielleicht.
Täter	Du bist ja dreist. Passiert dir so was öfter?

Ich	Ständig. Allein heute dreimal ... Du, darf ich da kurz mal rangehen?
Täter	Aber schnell.
Ich	Hallo?
Volker	Hallo Paul.
Ich	Äh, hallo Volker. Du, ist gerade ganz schlecht.
Volker	Wieso? Was ist denn?
Ich	Ich werde gerade ausgeraubt.
Volker	Was!? Du wurdest gerade ausgeraubt?
Ich	Nein, nein, Volker. Ich werde gerade jetzt ausgeraubt.
Volker	Oh, Gott. Das ist ja furchtbar. Soll ich die Polizei rufen?
Ich	Nee, ist schon gut ... Wir sind ja schon fast fertig.
Volker	Wo bist du denn?
Ich	Zu Hause.
Volker	Du wirst gerade zu Hause ausgeraubt?
Ich	Na ja. Nicht direkt zu Hause. Aber in meinem Hauseingang.
Volker	Oh, Gott. Das ist ja furchtbar! Du kennst doch Michael, vom Badminton, oder?
Ich	*(Zum Täter:)* Du, das dauert hier noch ein bisschen.
Volker	Den haben sie letztens in der U-Bahn zusammengeschlagen. Ausgeraubt und einfach zusammengeschlagen. Doppelter Kieferbruch. Einfach so, mitten in der U-Bahn. Aber im eigenen Hauseingang – das ist noch viel krasser.
Ich	Ehm, ja, danke, Volker.

Volker	Bist du sicher, dass ich nicht die Polizei rufen soll?
Ich	Nee, schon gut. Weshalb hast du eigentlich angerufen?
Volker	Ich wollte fragen, ob du mit ins Schwuz kommen willst.
Ich	Ins Schwuz?
Volker	Ja. Tanzen.
Ich	Was is'n da heute für 'ne Party?
Täter	Popkicker.
Volker	Popkicker.
Ich	Äh ... ja ... und Eintritt?
Täter	Sechs Euro.
Volker	Hm, ich glaube ...
Ich	Sechs Euro?
Volker	Genau!
Ich	Nee, Volker, lass mal. Ich glaube, ich will da heute nicht mehr hin.
Volker	Kann ich verstehen! Aber du, Paul, verkriech dich jetzt bitte nicht daheim. Es ist wirklich wichtig, dass du weiterlebst wie vorher.
Täter	Jetzt mach mal hinne.
Ich	Volker, ich muss dann.
Volker	Okay. Schönen Abend.
Ich	Scherzkeks.
Volker	'tschuldigung. Sag mal, bist du wenigstens versichert?
Ich	Versichert?
Volker	Ja.
Ich	Wer ist denn gegen Raub versichert?
Volker	Man muss nicht gegen Raub versichert sein.

Täter   Das ist in den meisten Hausratsversicherungen mit drin.
Volker Das ist doch in den …
Ich   Ja, Volker, ich weiß. Das heißt … ganz egal, was der Typ mir klaut, die Versicherung bezahlt's?
Volker Ja. Meistens sogar den vollen Kaufpreis. War zumindest bei mir mal so. Du, ich muss dann los jetzt. Bis bald und schönen Gruß!
Ich   Ja, tschüss Volker.
        (Zum Täter:) Schönen Gruß … von Volker.
Täter   Danke.
Ich   Das ist ja krass mit der Versicherung. Das heißt dann wirklich: Ganz egal, was du mir klaust, die Versicherung bezahlt's?
Täter   Klar.
Ich   Sag mal … magst du nicht noch kurz mit raufkommen?

Freitag

Ich habe eine Dankes-Karte für meinen Onkel gekauft und folgende Nachricht hineingeschrieben: »Lieber Onkel, vielen Dank für deine Glückwunschkarte zu meinem 29. Geburtstag (in sechs Wochen). Was deinen religiösen Eifer anbelangt, möchte ich dir Folgendes versichern: Du musst dir wirklich keine Sorgen um mein Seelenheil machen, denn niemals, wirklich niemals, würde ich bei einer Frau liegen, wie ich gelegentlich bei Männern liege.«

Cord an Cord

In sexueller Hinsicht gibt es zwei einfache Grundsätze, die stets zu beachten sich als äußerst weise herausstellen könnte. Zum einen ist es aus den verschiedensten Gründen ratsam, bei jedwedem Geschlechtsverkehr ein Verhütungsmittel zu benutzen, und zum anderen sollte man stets darauf bedacht sein, Sex mit Betriebswirten unbedingt zu vermeiden. Dies gilt ebenso für Berufsgruppen des gehobenen Dienstes, wie auch Fraktionsvorsitzende, Generalsekretäre, Mitglieder des Deutschen Bundestages, allen voran die Freien Demokraten, oder Vorstandsmitglieder eines börsennotierten Unternehmens. Denn nach eigener Erfahrung existiert ein direkter Zusammenhang zwischen dem beruflichen Status und dem Hang zur Perversion.

Schon meine schlesische Großmutter sah die Grundlagen für ein gesundes Leben darin, jeden Tag ein Glas Milch zu trinken, festen Stuhlgang zu produzieren und Anwälte zu meiden. Möglicherweise muss ich deshalb an sie denken, als ein Staatsanwalt namens Cord mich in lüsternem Ton dazu anhält, ich möge mich doch auf seine »Fresse« setzen. Ich korrigiere: Ich möge mich doch »bitte« auf seine »Fresse« setzen.

Es sei an dieser Stelle erwähnt, dass eine derartige Position, das sogenannte Facesitting, in gewissen homosexuellen

Kreisen wohl nicht gerade unüblich ist. Was dem zwischenmenschlichen Moment mit Cord allerdings eine gewisse Absurdität verleiht, ist die Tatsache, dass ich das a) noch nie gemacht habe und b) im Gegensatz zu Cord noch immer eine Hose trage. Mittlerweile hat der Staatsanwalt damit begonnen, ein lautes hundeartiges Winseln nachzuahmen, und weil mir das in diesem hellhörigen Kreuzberger Neubau etwas unangenehm ist, gebe ich mir einen Ruck und nehme Platz. Zusammengefasst kann diese merkwürdige Stellung wie folgt beschrieben werden: Cord trifft Cordhose.

Eine gewisse sexuelle Etikette oder aber nur der gute Ton würden es nun vorgeben, etwas Stimmungsunterstützendes zu sagen. Wie zum Beispiel: »Na, du Schwein, gefällt dir das?« Es muss dabei auch keinerlei Rücksicht darauf genommen werden, dass der gute Cord in so einer schweinischen Stellung überhaupt nicht antworten kann. Es ist also eine rein rhetorische Frage, die aber zumindest mit einem lauten Grunzen zur Kenntnis genommen wird. Dass der gute Cord bei diesem Facesitting so eine Freude empfindet, wundert mich ein wenig, da ich besagte Cordhose vor nicht einmal vier Stunden aus dem Trockner gefischt habe und sie, wenn überhaupt, nur nach Weichspüler riechen dürfte. »Na, du Schwein, gefällt dir das? Lenor Alpenfrische, du Sau!«

So ein Gesicht ist übrigens ein ungeheuer unbequemes Ding. Das kann doch auch keinen Spaß machen, denke ich mir, wenn sich Druck und Gegendruck an den winzigen Kontaktflächen vierer Backenknochen begegnen. Zudem steigt die nicht ganz unbegründete Frage in mir auf, ob ich nach unserem seltsamen Stelldichein verräterische Popelspuren an meinem Hintern durch die Gegend tragen werde.

Eigentlich war ich ja in der Aussicht auf ein Kaltgetränk erschienen, vielleicht mit anschließendem Rumknutschen und Wiedersehen. Gottogott, wie einfältig war ich doch, selbst nach nahezu zehn Jahren Großstadt!

»Ich wünsche mir Tomatensaft«, hatte ich scherzhaft geschrieben und mich auf den Weg zum Kottbusser Tor gemacht. Zu meiner Überraschung wurde mir nackt die Tür geöffnet. Zwei Minuten später saß ich in einem weißen Ikea-Sessel, nippte an meinem Tomatensaft und schaute Cord dabei zu, wie er sich an den Eiern rumspielte.

Wenn ich völlig unvorbereitet mit derart sexuellen Handlungen konfrontiert werde, reagiere ich gewöhnlich mit einer gehörigen Portion Autismus. Das ist ein bisschen wie beim Fussballspielen in der Schule damals. Kaum auf dem Feld, zwang mich eine innere Abneigung gegen Ballsportarten aller Art stets dazu, meine Hände tief in den Hosentaschen zu vergraben und lediglich mit einem stoischen Blick, einer geduckten Körperhaltung und ohne jedwede aktive Beteiligung dem pubertären Treiben und den unkoordinierten Flugbahnen des Balles zu folgen. Nichts weiter. Mehr Teilnahme war in solchen Momenten nicht von mir zu erwarten. Flog der Ball in meine Richtung, so flog er meistens an mir vorbei. Flog er aber auf mich zu, so prallte er an mir ab. Rollte er davon, so rollte er eben davon. Das ist noch heute so.

Also saß ich auch nach zehn Minuten noch immer teilnahmslos in jenem weißen Ikea-Sessel und schaute mit nüchternem Blick dabei zu, wie der gute Cord an sich herumspielte. Dass ich mich partout nicht rühren oder gar mitmachen wollte, schien den guten Mann nicht so recht zu stören. Ganz im Gegenteil. Stattdessen war es fast so, als entfache meine Teilnahmslosigkeit ein Feuer der Wollust und Leidenschaft in ihm. Es wäre nicht das erste Mal, dass jemand meine Zurückhaltung mit einer sonderbaren Form dominanten Gehabes missinterpretiert. Also lag Cord nur wenige Momente später zusammengekauert auf dem Boden und roch an meinen Socken, während die kleinen Schraubklemmen, die er sich dazu an seine Brustwarzen geheftet hatte, leise über das Parkett schabten.

Als Cord versuchte, seine große klobige Nase unter einen meiner Füße zu schieben, nahm ich vorsichtig einen Schluck von meinem Tomatensaft. Ich hatte Angst um den schönen weißen Sessel. Nach dem zweiten Schluck fragte ich mich, warum es Leute gibt, die so was überhaupt trinken und ob er vielleicht in einer Höhe von 20.000 Fuß anders respektive besser schmeckt. Meine Gedanken kreisten also auch um das Thema Füße.

»Ja, du Sau. Schmecken dir meine Socken? Soll ich euch drei lieber alleine lassen?«

Mittlerweile hatte Cord sich meinen halben Fuß in den Mund geschoben und kaute genüsslich und schmatzend auf meinen besockten Zehen herum. Super! Ich würde also mit nassen Füßen nach Hause fahren. Wenn der wüsste, wann ich daheim das letzte Mal gesaugt habe. »Ja, du Schwein. Hundehaare, Hausstaub. Findste geil, wa? Hm. Krümel. Schön rein damit, du Sau.«

Dann bereits erwähnter Positionswechsel, und ehe ich mich versah, rieb der perverse Cord seine Nase an meiner Gesäßtasche.

Ein weiteres Anzeichen für einen Hang zur Perversion

ist übrigens die Sammelleidenschaft von Tierfigürchen. Sehr beliebt sind hierbei Stoffbären, kleine Pinguine oder Frösche. Cord sammelt offensichtlich Katzen. Katzen aus Holz, Katzen aus Ton, Katzen aus Stein, Katzen aus Stoff, Katzen aus Papier. Erst jetzt fällt mir auf, dass das Glas, aus dem ich meinen Tomatensaft trinke, die Form einer sitzenden Katze hat. Irgendwo hinter diesen Blumenkübeln sitzt vermutlich eine echte Katze und schaut verstört dabei zu, wie Cord genüsslich an meiner Hosennaht knabbert. Das arme Ding, denke ich.

Cords Schnauben und Stöhnen wird derweil ein wenig unverständlicher. Also versuche ich, langsam mein Gewicht auf seine Stirn zu verlagern. Die ist ohnehin wesentlich bequemer. Hilft aber nichts. »Alles gut bei dir?«, frage ich zaghaft in meinen Schritt hinunter und komme mir unglaublich albern dabei vor. Aber es dringt nur ein unverständliches Murmeln zu mir hinauf, das entfernt an verkniffene Blähungen erinnert.

»Was?«, frage ich und hebe meinen Hintern ein paar Zentimeter in die Höhe. Eigentlich das perfekte Beckenbodentraining. »Brennt ein bisschen«, murmelt Cord mit einer seltsam verquollenen Stimme.

»Wie!? ›Brennt ein bisschen‹«, frage ich zurück, aber kaum hat Cord seinen Kopf gelüftet, wird mir völlig klar, weshalb es brennt. Seine Lippen, nein, sein ganzes Gesicht sind angeschwollen und glühen feuerrot. »So schwer bin ich doch gar nicht!«, denke ich, während Cord sich das Gesicht befühlt. »Ich nehm doch Weichspüler. Sensitiv!« Aber Cord hat sich längst erhoben, hastet eilig davon und verschwindet in seinem Badezimmer.

Als ich auf leisen, aber feuchten Pfoten aus der Wohnung schleiche, dringt ein letztes Rufen an mein Ohr. »Du hast doch nicht etwa einen Hund!?«, ruft es jaulend und verquollen durch den Flur. Lautlos lasse ich die Wohnungstür ins Schloss gleiten. Draußen, vor dem Haus, sitzt ein Beagle namens Oppenheimer, wedelt freudig mit dem Schwanz, als er mich kommen sieht, und reibt sein Gesicht an meiner Cordhose.

Samstag

Zu meiner großen Überraschung bin ich heute Abend auf einer Party eingeladen, einer WG-Party in Kreuzberg. Immer wenn ich auf einer Party eingeladen bin, ist wie durch Zufall keine frische Unterwäsche mehr im Haus. Nicht einmal die Notunterwäsche, die ich in einer kleinen Holzkiste im alten Kachelofen versteckt habe, für den Fall, dass ich mal auf einer Party eingeladen sein sollte, aber keine frische Unterwäsche mehr im Haus ist.

Ich könnte zur Not auf die essbare Unterwäsche zurückgreifen, die ich zu meinem 18. Geburtstag geschenkt bekommen habe.

24 Stunden Paul Bokowski

Dies ist die Geschichte eines Tages im Leben von Paul Bokowski. Es ist ein ganz gewöhnlicher Tag. Es haben sich keine besonderen Ereignisse angekündigt. Die Menschen werden aufstehen und zur Arbeit gehen. Nur Paul Bokowski möchte liegen bleiben. Die Menschen werden sich lieben und hassen, sie werden geboren und sterben. Nur Paul Bokowski möchte liegen bleiben. Doch diesen Tag rund um die Uhr zu betrachten wird sich für alle lohnen, die vom Leben mehr verlangen als das tägliche Butterbrot. Nur Paul Bokowski möchte liegen bleiben.

9.00 Uhr
Der Lesebühnenautor Paul Bokowski ist seit sechs Stunden nicht mehr auf den Beinen.

9.11 Uhr
Etwas Ungewöhnliches geschieht in der Lüderitzstraße 7. Ein Telefon klingelt. Am Apparat ist Peter Rehberg, Redakteur eines deutschen Männermagazins. Er hat einen Auftrag zu vergeben. Paul Bokowski weiß nichts davon. Er ist liegen geblieben.

9.35 Uhr

Peter Rehberg ahnt, dass Paul Bokowski liegen geblieben ist. Er wird es immer wieder versuchen. Immer wieder, bis 10.28 Uhr.

10.31 Uhr

In der Lüderitzstraße 7 klingelt seit drei Minuten das Telefon. Paul Bokowski kriecht aus seinem Bett und nimmt ab. Bis zum Abend soll Paul Bokowski eine zweiseitige Glosse über Freikörperkultur verfassen. Er legt sich wieder hin.

11.44 Uhr

Paul Bokowski ist wach.

12.01 Uhr

Paul Bokowski ist wirklich wach.

12.52 Uhr

Paul Bokowski sitzt seit einer halben Stunde an seinem Rechner und arbeitet an einer Glosse über Freikörperkultur.

Er kann sich nicht daran erinnern, jemals in seinem Leben öffentlich nackt gewesen zu sein. Er kommt nur sehr schwer voran.

13.20 Uhr

Paul Bokowski hat den Entschluss gefasst, anders an das Thema Freikörperkultur heranzugehen: Seit 28 Minuten sitzt er nackt an seinem Schreibtisch.

14.19 Uhr
Paul Bokowski hat den Entschluss gefasst, eine Pause zu machen. Er packt die Gelegenheit seines Nacktseins am Schopf und geht duschen.

14.36 Uhr
Geplagt von seinem schlechten Gewissen, beschließt Paul Bokowski, sich erst einmal um das Mittagessen zu kümmern.

15.09 Uhr
Paul Bokowski kocht die erste Kürbissuppe des Jahres. Er ist noch immer nackt. Das Wetter ist wolkenlos und sonnig. Das Thermometer zeigt 27 Grad.

15.56 Uhr
Das Telefon klingelt. Am Apparat ist Luise Kaufmann. Sie versucht, Paul Bokowski zum Besuch der Nacktliegewiese am Plötzensee zu überreden. Paul Bokowski weigert sich beharrlich. Luise Kaufmann argumentiert: »Aber wir sind doch unter uns.« – Paul Bokowski antwortet: »Ja, eben!«

16.31 Uhr
Paul Bokowski kommt der schleichende Verdacht, für sein junges Alter ungewöhnlich prüde zu sein. Unbemerkt hat er sich während des Gesprächs mit Luise Kaufmann eine Hose und ein Hemd angezogen.

16.53 Uhr

Paul Bokowski hat die Ursache seiner Prüderie gefunden. Er beschließt, seine Mutter anzurufen.

17.07 Uhr

Paul Bokowski telefoniert mit seiner Mutter. Um sich selbst gegenüber zu beweisen, nicht prüde zu sein, wird er während des Telefonats damit beginnen, sich langsam wieder auszuziehen.

17.13 Uhr

Frau Bokowski kann den Behauptungen ihres Sohnes nicht viel abgewinnen. Er habe schon als Säugling die Brust abgelehnt und ab seinem fünften Lebensjahr darauf bestanden, in der Badewanne eine Schwimmhose zu tragen.

17.21 Uhr

Paul Bokowski macht seiner Mutter den Vorwurf, sie habe niemals offen über Sexualität mit ihm gesprochen. Frau Bokowski findet diese Behauptung unverschämt und kontert damit, dass sie auch nach 35 Jahren Ehe noch immer gerne den Penis ihres Mannes in den Mund nimmt. Paul Bokowski ist schockiert und legt auf.

17.28 Uhr

Paul Bokowski hat beschlossen, dem Angebot von Luise Kaufmann nachzukommen, und ist auf dem Weg zur Nacktliegewiese am Plötzensee.

17.42 Uhr

Als Paul Bokowski sich im hinteren Drittel der Nacktliegewiese entkleidet, hofft er inständig, dass niemand zu ihm hinüberschaut.

17.53 Uhr

Auch nach elf Minuten hat noch immer niemand zu ihm hinübergeschaut. Paul Bokowski ist beleidigt.

18.29 Uhr

Paul Bokowski hat große Sorge davor, auf der Nacktliegewiese einem Bekannten zu begegnen. Er sinniert darüber, ob es in solch einem Falle weniger peinlich wäre, auf dem Rücken oder dem Bauch zu liegen.

18.51 Uhr

Paul Bokowski wird auf der Nacktliegewiese am Plötzensee von Frau Brohm angesprochen. Zu diesem Zeitpunkt liegt Paul Bokowski auf seiner Seite.

19.07 Uhr

Paul Bokowski macht sich auf den Heimweg. In wenigen Minuten möchte er damit fortfahren, an seiner Glosse zu arbeiten. Er beschließt, einen Kakao zu trinken und kurz in das neue Buch von Haruki Murakami hineinzuschauen.

22.39 Uhr

Paul Bokowski ist auf Seite 126 und hat seit 30 Minuten Blähungen.

23.21 Uhr

Der Vater von Paul Bokowski ruft an, um sich zu beschweren. Seine Frau, sagt Herr Bokowski, habe seinen Penis seit mindestens drei Jahren nicht mehr in den Mund genommen. Paul Bokowski ist abermals schockiert und legt wieder auf. Gegen Mitternacht wird er beschließen, den Kontakt zu seinen Eltern vollständig abzubrechen.

2.54 Uhr

Paul Bokowski hat im fahlen Licht seines PC-Monitors seine Glosse fertiggestellt. Er wird das fertige Dokument an eine E-Mail anhängen und die Sendezeit um einige Stunden zurückstellen. Peter Rehberg schläft bereits. Er weiß um Paul Bokowskis Eigenarten und hat nicht ohne Grund eine Glosse in Auftrag gegeben, die erst übermorgen fertig sein muss.

3.34 Uhr

Paul Bokowski hat diesen Tag beendet, wie er die meisten Tage zu Ende bringt: Er ist beim Onanieren eingeschlafen. Es war ein guter Tag.

Samstag, 18.00 Uhr

Die essbare Unterwäsche ist vor sieben Jahren abgelaufen.

Seit einiger Zeit denke ich darüber nach, beim Kollegen Heiko Werning einen Zweitschlüssel für meine Wohnung zu bunkern. Denn er wohnt nur ein paar Häuser die Straße runter und ist oft zu Hause. Vielleicht wäre er so nett, auch noch einen meiner Schlüpper in Verwahrung zu nehmen.

Bokowski und die Brandstifter

Frau Brohm	Herr Bokowski!
Ich	Frau Brohm!
Frau Brohm	Gut geschlafen?
Ich	Nee. Gar nicht geschlafen.
Frau Brohm	Wie kommt's?
Ich	Wie soll ich es ausdrücken? Ich hatte Herrenbesuch.
Frau Brohm	Ach. Schau an!
Ich	Ja. Männer in Uniform.
Frau Brohm	Sie steh'n auf Uniformen?
Ich	Nein. Eigentlich nicht.
Frau Brohm	Eigentlich?
Ich	Na ja. Eigentlich gar nicht ... Höchstens Feuerwehr. Oder Polizisten. Oder Sanitäter.
Frau Brohm	Und wer war jetzt da?
Ich	Erst die Feuerwehr, dann die Polizei und dann zwei Sanitäter.
Frau Brohm	Klingt ein bisschen nach einer Playmobil-Orgie?
Ich	Nee, gebrannt hat es.
Frau Brohm	Gebrannt?
Ich	Ja. Unten. Bei uns im Flur.
Frau Brohm	Ach.

Ich	Und im Treppenhaus gegenüber. Und im Seitenflügel. Und im Vorderhaus.
Frau Brohm	Lauffeuer?
Ich	So was Ähnliches: Brandstiftung.
Frau Brohm	Im Wedding?
Ich	Ja. Verrückt, oder? Am Anfang hab ich noch gedacht: Vielleicht so Autonome.
Frau Brohm	Gentrifizierungsgegner?
Ich	Ja. Kann doch sein.
Frau Brohm	Na ja. Wär allerdings schon ein bisschen doof, wenn diese Autonomen Autos und Häuser in einem Stadtteil anzünden, der noch gar nicht gentrifiziert wurde.
Ich	Aber Frau Brohm: Wehret den Anfängen!
Frau Brohm	»Brenne, KiK, brenne?«
Ich	Vielleicht waren das ja ortsfremde Autonome. Aus Göttingen oder so. Die sind über die Stadtautobahn gekommen, haben im Stadtplan »Berlin-Mitte« gelesen und erst mal etwas angezündet.
Frau Brohm	Aber das sieht man doch, dass der Wedding nicht gentrifiziert ist.
Ich	Aber nicht, wenn man aus Göttingen kommt. Im Vergleich zu Göttingen sieht sogar Marzahn gentrifiziert aus.
Frau Brohm	Autonome aus Göttingen fühlen sich in Berlin bestimmt wie kleine Kinder im Schokoladenladen.
Ich	Ja. Ganz aufgeregt und hippelig und voller Vorfreude: »Was nehm ich nur, was nehm ich nur?«

Frau Brohm	Dann können wir uns ja richtig glücklich schätzen, dass Sie uns nicht verkokelt sind.
Ich	Ja. Zum Glück bin ich rechtzeitig aufgewacht.
Frau Brohm	Vom Lärm?
Ich	Nein nein. Vom Geruch!
Frau Brohm	Ich dachte, der Geruchssinn schläft, wenn man ... na ja ... schläft.
Ich	Dachte ich auch. Aber komischerweise erinnere ich mich noch ganz genau daran, wie ich im Traum gedacht hab: Was riecht denn hier so nach Helmut Schmidt. Und dann wach ich auf und der ganze Flur ist voller Rauch.
Frau Brohm	Und dann?
Ich	Dann hab ich mir erst mal eine frische Unterhose angezogen.
Frau Brohm	Wie bitte?
Ich	Eine frische Unterhose.
Frau Brohm	Eine frische Unterhose?
Ich	Ja. Das ist bei polnischstämmigen Menschen wie mir so eine Art Pawlow'scher Reflex. Immer wenn man als Pole in eine lebensgefährliche Situation kommt, verspürt man den tiefen innerlichen Drang, sich erst mal frische Unterwäsche anzuziehen. Ist so ein Erziehungsding ... Schaun Sie: Als ich noch ein kleines Kind war und langsam angefangen habe, mich selbst anzuziehen, da hatte meine Mutter immer Angst, dass ich vergessen könnte, frische Unterwäsche anzuziehen. Dann hat sie immer zu mir gesagt: »Paulchen, jetzt stell

dir mal vor, du hast einen schweren Unfall. So einen richtig schweren Unfall. Also so richtig schwer. Und dann kommst du ins Krankenhaus, und weil du so einen schweren Unfall hattest, müssen die Leute im Krankenhaus erst mal deine Sachen aufschneiden. Und auf einmal sehen die, dass du keine frische Unterwäsche anhast. Stell dir *das* mal vor!«

Frau Brohm	Sehr eigenwillige Erziehungsmethoden.
Ich	Ja. Ich kenn das aber aus ganz vielen polnischen Familien.
Frau Brohm	Sie haben es aber unbeschadet überstanden?
Ich	Den Brand oder die Erziehungsmethoden?
Frau Brohm	Den Brand.
Ich	Ja. Es stand ja nur der Qualm im Flur. Ich hab dann erst mal die Fenster aufgerissen und gleich gesehen, dass die Feuerwehr wohl schon alles im Griff hatte.
Frau Brohm	Brand gelöscht?
Ich	Ja. Alle vier. Die sind dann nur noch durchs Haus gelaufen, haben die Flurfenster aufgemacht und überall geklopft. Das war schon ziemlich surreal, wie auf einmal dieser Feuerwehrmann in meinem Wohnungsflur stand. Er in voller Montur, mit Helm, Sauerstoff und Gasmaske, und ich in Schlüpper und Bademantel am offenen Fenster.
Frau Brohm	Hat der was gesagt?
Ich	»Tachchen. Schön ham Se's hier.«
Frau Brohm	Und weiter?

Ich	»Danke«, hab ich gesagt, »hab extra aufgeräumt für Sie.« Hab dann kurz überlegt, ob ich ihm noch sagen soll, dass ich auch extra frische Unterwäsche angezogen hab.
Frau Brohm	Gibt ja viele Polen im Wedding. Hört so ein Feuerwehrmann bestimmt zwei- oder dreimal pro Woche.
Ich	Als ich den später noch mal ohne Helm gesehen habe, hab ich mich schon ein bisschen geärgert, dass ich ihm keinen Kaffee angeboten habe. Oder was Geräuchertes.
Frau Brohm	Wie ging's denn den andern Mietern so?
Ich	Bestens. Nur einer wurde ambulant behandelt. Die anderen haben alle im Hof rumgestanden, und man hat gleich gesehen, wer von den werten Mitbewohnern alleinstehend ist. Besonders die Damen hatten sich richtig aufgebrezelt. Ich hab mir dann auch was Schickes übergeworfen und bin mal runtergegangen. Ein bisschen Socializing.
Frau Brohm	Und wer ist das jetzt gewesen mit der Brandstifterei?
Ich	Ein Nachbar von uns.
Frau Brohm	Was?
Ich	Ja. Ein Nachbar aus dem Seitenflügel gegenüber.
Frau Brohm	Also keine autonomen Gentrifizierungsgegner?
Ich	Nö. Unpolitischer Einzeltäter. Der Herr Nachbar hatte einfach nur eine Räumungs-

	klage am Hals. Dann hat er sich wohl gedacht: «Wenn ich schon ausziehen muss, nehm ich alle mit.»
Frau Brohm	Zumindest eine Form von Logik, die dem Wedding angemessen ist.
Ich	Sie sagen es, Frau Brohm, Sie sagen es.

Sonntag, 2.58 Uhr

Seitdem ich aufgrund beunruhigender Geräusche aus der Wohnung unter mir die Polizei rufen musste, hört mein grobschlächtiger Nachbar neuerdings immer ganz laut die Scorpions, wenn er seine Frau verprügelt. Mitten in der Nacht. Hätte ich doch das Maul gehalten.

Denn sie wissen nicht, was sie tun

Zu einer meiner größten Leidenschaften gehört es, fremde Menschen beim Umziehen zu beobachten. Dabei macht es für mich kaum einen Unterschied, ob es sich um das Wechseln der Kleidung oder um das Wechseln des Wohnortes handelt. Womit ich aber keineswegs andeuten möchte, dass ich beidem mit gleicher Leidenschaft nachgehe. Nur wenige Menschen sind es wert, beim Umziehen beobachtet zu werden – beim Umziehen der Garderobe. Die Anzahl jener Menschen, die sich auf eine anregende Art ausziehen, ist dabei wesentlich geringer als die Anzahl jener Menschen, die wissen, wie man sich auf mitreißende Weise wieder anzieht. Zudem steht zwischen dem Aus- und Anzug ein Zustand des Unangezogenseins. Was nur in wenigen Fällen wirklich anziehend ist. Vielleicht ist darin auch die Ursache zu finden, dass das meiste Umziehen nicht in der Öffentlichkeit geschieht, sondern vornehmlich in geschlossenen Räumlichkeiten stattfindet. Wohingegen die Dimensionen des gewöhnlichen deutschen Umzugs in geschlossenen Räumlichkeiten allenfalls ihren Anfang bzw. ihr Ende nehmen. Ich, als Sprössling einer emigrierten polnischen Großfamilie, finde es übrigens wichtig, von einem »Deutschem Umzug« zu sprechen. Dies wird jeder nachvollziehen können, der die eklatanten Unterschiede anderer Nationen, was ihre Fähigkeit des Umziehens anbelangt, vor seinem inneren Auge gegenüberstellen kann. Allen anderen sei ein Beispiel dargeboten: Der gewöhnliche polnische Familienvater zieht alleine um. Lediglich unter der Zuhilfenahme einer Sackkarre, eines Dachgepäckträgers und eines alten Opel Kadett, Baujahr '86. Der gewöhnliche Chinese dagegen legt keinen großen Wert auf ein automatisiertes Transportmittel. Er gibt sich schon mit 86 anderen Chinesen zufrieden. Sollte dabei die Distanz den chinesischen Durchschnitt von sieben Straßenzügen überschreiten, so bedient sich der Chinese des öffentlichen Nahverkehrs. Sowohl der Pole als auch der Chinese sind dabei zu gewissen Verlusten bereit. Der Pole in Hinsicht auf seinen Hausrat, der Chinese in Hinsicht auf seine Volksgenossen.

Zu beiden Seiten des Urals wird dabei mit voller Inbrunst umgezogen, was beim gewöhnlichen Polen oft schon an persönliche Dummheit grenzt, beim Chinesen an eine kollektive Missachtung der allgemeinen Menschenwürde. Aber auch der gewöhnliche Deutsche ist in seinen speditativen Fähigkeiten nicht gerade mit Übermenschlichkeit gesegnet. Während die nationale Geschicklichkeit des ästhetischen An- und wieder Auskleidens von starken Schwankungen und einem noch stärkeren Gefälle geprägt ist, halten sich die Fachkenntnisse beim Wechseln des Wohnortes die Waage. Hier herrscht sowohl im Einzug als auch im Auszug eine völlige Unbegabtheit. Besonders erstaunlich ist, dass bei einem Auszug mit anschließendem Einzug keinerlei Lernfortschritte zu erkennen sind.

Gelegentlich begegnen mir Menschen, die nach ihrem dritten oder vierten Bier anfangen, von der Intelligenz der

Massen zu philosophieren. Derartige Fantasten dürfen mich gerne mal auf einer meiner Beobachtungstouren begleiten. Besonders an einem Sonntagnachmittag findet sich in jedem Straßenzug Berlins mindestens ein Beleg dafür, dass Schwarmintelligenz keine allzu menschliche Eigenschaft ist. Und alles, was es dazu bedarf, ist eine Wohnung im vierten Stock, eine Waschmaschine und vier bis sieben junge Männer, die alle etwas mit Medien gelernt haben.

Nun verhält es sich mit der Intelligenz der Massen wie mit dem Lecken des eigenen Ellenbogens. Die meisten Menschen wissen, dass es nahezu unmöglich ist, und trotzdem denken gerade 73 Prozent aller Leser dieses Textes darüber nach, es unauffällig auszuprobieren. Besonders Männer scheinen sehr dazu zu neigen, Herausforderungen, die ein geistesklarer Mensch umstandslos alleine erledigen könnte, lieber in Schwärmen zu lösen. Das ist ein sehr häufig auftretendes Phänomen in unserer patriarchalen Gesellschaft. Sei es das Auswechseln eines Autoreifens, das Konfigurieren eines WLAN-Routers oder das Anzünden eines Holzkohlegrills für 19,95 Euro. Besonders Letzteres vermag die meisten Männer stundenlang zu beschäftigen. Ich persönlich bin seit einiger Zeit der festen Überzeugung, dass eine nur sehr geringe Anzahl an Holzkohlegrills durchaus genügt hätte, den Ersten Weltkrieg zu verhindern.

Das häufigste Beispiel der männlichen Affinität dazu, eine kleine alltägliche Herausforderung in Schwärmen zu lösen, ist dagegen das Beladen eines Umzugswagens. Nicht vor dem Gesetz sind alle Menschen gleich, sondern vor einem Pritschenwagen von Robben & Wientjes oder Europcar. Alter, Herkunft, Nationalität, gesellschaftlicher Status und religiöse Überzeugung – im Endeffekt wird es immer so aussehen, dass der grobmotorischste Umzögling von allen hilflos auf der Ladefläche steht, während 15 andere aus einer sehr sicheren Entfernung lautstark Kommentare in die Runde werfen.

Auch nach Jahren ist mir dieses Szenario von allen großstädtischen Episoden das Liebste geblieben. Und manchmal, hin und wieder, gönne ich mir den Luxus, das verstörende Treiben von einem kleinen rumänischen Bettlerjungen und seinem Akkordeon musikalisch untermalen zu lassen. Denn wenn 15 Naturwissenschaftler Mitte 30 gemeinsam einen Umzugswagen beladen, dann braucht das schon ein bisschen Musik, um zumindest in Ansätzen anmutig auszusehen.

Montag

Zu meiner eigenen Überraschung hatte ich vorletzte Nacht Sex mit einer Frau. Nun gibt es eine gewisse Wahrscheinlichkeit, dass ich mir diesen Eintrag in ein paar Jahren nicht mehr glauben werde. Aus diesem Grund habe ich beschlossen, ihn morgen einfach zu wiederholen.

Der Schatten

Ich   Ah. Endlich! Los, komm rein!
Karsten Also. Was ist es diesmal?
Ich   Hast du ein Taxi genommen?
Karsten Nein.
Ich   Bitte sag mir, dass du nicht extra ein Taxi genommen hast.
Karsten Nein, habe ich nicht. Was ist denn jetzt?
Ich   Ich kann dir das Geld zurückgeben, wenn du willst.
Karsten Ich habe kein Taxi genommen!
Ich   Du warst so schnell. Du hast doch bestimmt ein Taxi genommen.
Karsten Ich habe den Nachtbus erwischt. Also.
Ich   Du hast den Nachtbus genommen!? Liest du keine Zeitung!? Weißt du nicht, wie gefährlich es in dieser Stadt geworden ist, den Bus zu nehmen? Du hättest ein Taxi nehmen sollen!
Karsten Was ist denn jetzt? Warum musste ich um drei Uhr morgens hier rauskommen?
Ich   Hör auf, das zu sagen.
Karsten Was zu sagen?
Ich   »Hier raus.«
Karsten Was ist denn so schlimm an »hier raus«?

Ich	Ich kann es nicht leiden, wenn die Leute »hier raus« sagen. Das ist der Wedding, Herrgott, und nicht Alt-Glienicke oder Klein-Machnow. Ich wohne außerhalb des S-Bahn-Rings, aber doch nicht in Königs-Wusterhausen.
Karsten	Paul! Es ist jetzt drei Uhr morgens, ich muss in fünf Stunden zur Arbeit. Ich habe meinen ersten Patienten um halb neun! Ich muss schlafen!
Ich	Und ich brauche einen Arzt. Du bist der einzige Arzt, den ich kenne!
Karsten	Was ich immer noch nicht so recht glauben kann. Immerhin bist du der größte Hypochonder, den ich jemals kennengelernt habe.
Ich	Ich bin doch kein Hypochonder!
Karsten	Und was war letztes Jahr, Weihnachten? Als du dachtest, du hättest innere Blutungen?
Ich	Ich hatte eine ungewöhnlich harte Bauchdecke.
Karsten	Du dachtest, du hättest ein Aortenaneurysma!
Ich	Was auch hätte sein können!
Karsten	Sagt wer?
Ich	Wikipedia!
Karsten	Oder Ostern? Als du dachtest, du hättest einen Knoten in deiner Brust!
Ich	Na und?
Karsten	Na und!? Ich habe es damals gesagt, und ich sage es wieder: Du hast keine Brust. Noch nicht mal eine Männerbrust. Du hast die Figur eines nackten gerupften bulimischen Hühnchens. Du bist so weit entfernt von einer Brust wie Mario Barth von intelligentem Humor.

Ich	Können wir bitte wieder zum Wesentlichen kommen?
Karsten	Paul! Was ist denn das Wesentliche!
Ich	Mein Schatten!
Karsten	Dein Schatten!? Du holst mich um drei Uhr morgens aus dem Bett wegen deines Schattens!?
Ich	Er geht nach!
Karsten	Er geht nach!?
Ich	Ja!
Karsten	Wie!? »Er geht nach«!?
Ich	Er geht nach! Wie eine Uhr. Er geht nach!
Karsten	Du bist verrückt. Du bist doch vollkommen verrückt.
Ich	Schau doch!
Karsten	Verrückt! Vollkommen verrückt!
Ich	Was mache ich? Was mache ich gerade!?
Karsten	Du stehst halbnackt in deinem Flur und erzählst mir, dein Schatten ginge nach!
Ich	Und was macht mein Schatten?
Karsten	In einem Flur übrigens, der wirklich mal wieder aufgeräumt werden müsste. Ist das da drüben eine Autobatterie?
Ich	Was macht mein Schatten?
Karsten	Du hast doch überhaupt kein Auto!
Ich	KARSTEN! WAS MACHT MEIN SCHATTEN?
Karsten	HERRGOTT NOCH MAL! ER SCHLÄFT!
	…
	Dein Schatten schläft … ?
Ich	Kaffee?
Karsten	Das ist nicht möglich!

Ich	Ich habe diesen Kaffee geschenkt bekommen. Aus Indonesien. Das ist der teuerste Kaffee der Welt.
Karsten	Dein Schatten schläft.
Ich	Sie verfüttern den Kaffee an Wildkatzen, bevor sie die Bohnen rösten.
Karsten	Dein Schatten schläft!
Ich	Sie rösten ausgekackte Kaffeebohnen! Klingt ein bisschen eklig, schmeckt aber super.
Karsten	Das ist nicht möglich!
Ich	Kopi Luwak heißt der.
Karsten	Paul! Können wir bitte wieder zum Wesentlichen kommen?
Ich	Gern, Karsten. Sehr gern! Was ist denn das Wesentliche?
Karsten	Hallo!? Dein Schatten! Du bist wach, er schläft! Findest du das nicht irgendwie seltsam?
Ich	Gestern Nachmittag, als ich bei Kaiser's in der Gemüseabteilung stand, da war er grad' auf Klo. Das war seltsam.
Karsten	Gestern? Wie lange geht das denn schon so!?
Ich	32 Stunden.
Karsten	32 Stunden!?
Ich	Als ich es bemerkt habe, dachte ich noch, ich hätte den Schatten von Frank Hempel.
Karsten	Frank Hempel?
Ich	Ja. Frank. Aus der Schule. Aus der Parallelklasse.
Karsten	Ist der nicht tot?
Ich	Tot?
Karsten	Ja. Hat Anke mir erzählt.

Ich	Er kann doch nicht tot sein. Der ist doch jünger als wir.
Karsten	Der war jünger als wir. Hatte einen Herzinfarkt, und jetzt ist er tot!
Ich	Er hatte einen Herzinfarkt?
Karsten	Ja. Mit 22.
Ich	Wie bekommt man denn mit 22 einen Herzinfarkt!? Mein Vater bekommt Herzinfarkte, aber doch nicht Frank Hempel!
Karsten	Passiert.
Ich	Mein Arm.
Karsten	Was?
Ich	Mir tut mein Arm weh. Mein linker Arm.
Karsten	Jetzt beruhig dich. Was ist denn mit deinem Schatten? Vielleicht ist der auch tot!
Ich	Der ist doch nicht tot.
Karsten	Woher willst du das denn wissen?
Ich	Er ist nicht tot!
Karsten	Er könnte tot sein.
Ich	Er bewegt sich doch. Er bewegt sich die ganze Zeit. Schau!
Karsten	Nichts bewegt sich.
Ich	Aber er hat sich bewegt. Vor einer halben Stunde hat er sich bewegt.
Karsten	Vielleicht ist er bewusstlos?
Ich	Warum sollte er bewusstlos sein?
Karsten	Keine Ahnung. Es ist dein Schatten.
Ich	Ich war noch nie bewusstlos.
Karsten	Bist du sicher, dass er nachgeht? Vielleicht geht er ja auch vor.

Ich	Nein, nein. Er geht nach.
Karsten	Und wie lang? Wenn er jetzt schläft, dann so 18 oder 20 Stunden?
Ich	Nein. Ich glaube, ein bisschen länger.
Karsten	Wie lang genau?
Ich	Zehn Jahre.
Karsten	Zehn Jahre!?
Ich	Ich glaube schon.
Karsten	Wieso denn zehn Jahre?
Ich	Er hat eine Karotte gegessen.
Karsten	Eine Karotte?
Ich	Ja.
Karsten	Und du isst keine Karotten?
Ich	Karsten! Du kennst mich seit 15 Jahren. Ich bin Pole! Ich esse nie Gemüse.
Karsten	Du isst Kartoffeln.
Ich	Kartoffeln sind kein Gemüse. Wenn du Pole wärst, dann wüsstest du das. Kartoffeln sind Kohlenhydrate, kein Gemüse. Ich esse Kohlenhydrate, aber doch kein Gemüse.
Karsten	Bist du sicher?
Ich	Ich hab lange drüber nachgedacht. Ich glaube, die letzte Karotte habe ich im März 2002 gegessen.
Karsten	2002?
Ich	Ja. – Kaffee?
Karsten	Ja, bitte. ... Du hast recht! ... Wenn man genau hinsieht, merkt man es. Er atmet.
Ich	Ich finde das unheimlich. Das ist, als gäbe es eine zweite Version von mir.
Karsten	Was ist denn so schlimm daran?

Ich	Was so schlimm daran ist? Ich komm doch noch nicht mal mit mir selbst zurecht!
Karsten	Aber es ist doch nicht so, als müsstest du dich ständig um ihn kümmern.
Ich	Aber ich brauche meine Individualität. Ich hab doch sonst gar nichts, was mich von allen anderen unterscheidet.
Karsten	Du hast einen Schatten, der zehn Jahre und sechs Monate nachgeht. Ich finde das schon ziemlich individuell.
Ich	Aber er macht Sachen!
Karsten	Was für Sachen?
Ich	Er läuft komisch und bohrt in der Nase und duscht.
Karsten	Na und? Das machst du doch auch.
Ich	Ja. Aber ich weiß, wann ich es tue. Mit ihm ist das ein bisschen anders. Glaubst du wirklich, dass ich mich an jedes Mal erinnern kann, wann ich in den letzten zehn Jahren gepopelt oder geduscht habe? Ich kann mich nicht mal daran erinnern, wann ich das letzte Mal geduscht habe. Nebenbei bemerkt: Sind wir eigentlich Freunde?
Karsten	Was soll das denn jetzt?
Ich	Ob wir Freunde sind, möchte ich wissen.
Karsten	Was ist denn los?
Ich	Was los ist? Ich habe meinem eigenen Schatten beim Duschen zugesehen. Du hättest mir in all den Jahren ruhig mal sagen können, dass ich nackt total scheiße aussehe.
Karsten	Wie bitte?

Ich	Wir sind doch befreundet! Da muss man sich so etwas doch sagen können!
Karsten	Hallo!? Geht's noch?
Ich	Sag, wie lange kennen wir uns?
Karsten	15 Jahre.
Ich	15 Jahre! Ist da ein kleines »Paul, du siehst übrigens nackt total scheiße aus« wirklich zu viel verlangt?
Karsten	Woher soll ich denn bitte wissen, wie du nackt aussiehst?
Ich	Du hast mich doch ständig nackt gesehen!
Karsten	Ständig?
Ich	Ständig! Nach dem Schulsport, in Portugal, am Plötzensee. Oder im Mai, mit Anke in der finnischen Sauna.
Karsten	Da habe ich dich überhaupt nicht nackt gesehen.
Ich	Natürlich hast du.
Karsten	Nein! Habe ich nicht! Ich habe sehr angestrengt versucht, nicht hinzuschauen.
Ich	Warum das denn?
Karsten	Weil ich einen meiner besten Freunde nun mal nicht nackt sehen möchte.
Ich	Bitte?
Karsten	Mir hat es schon gereicht, dass Anke ständig davon angefangen hat.
Ich	Was?
Karsten	Immer hat sie nur von dir in der finnischen Sauna erzählt.
Ich	Echt? Hat sie?

Karsten	Ja! Ständig! Und immer wieder. Das ging bestimmt vier Wochen so.
Ich	Was hat Anke denn erzählt?
Karsten	Wie unglaublich scheiße du nackt aussiehst.
Ich	Warum hast du mich nie zum Sport geschickt!
Karsten	Du kannst doch immer noch zum Sport gehen.
Ich	Ach Unsinn! Das ist wie Klavierspielen. Damit muss man früh genug anfangen, sonst wird das nichts! Irgendwann sind die Finger steif, dann ist es eh zu spät.
Karsten	Apropos steif. Was genau machst du da gerade?
Ich	Bitte?
Karsten	Dein Schatten, meine ich.
Ich	Ach, verdammt! Nicht schon wieder!
Karsten	Masturbierst du?
Ich	Bitte! Versuch ihn einfach zu ignorieren.
Karsten	Aber du bist doch noch nicht mal aufgestanden.
Ich	Wahrscheinlich bin ich da noch gar nicht richtig wach. … Könntest du bitte aufhören, da so hinzustarren?
Karsten	Bist du nicht Rechtshänder?
Ich	Oh, Gott. Wie soll ich bloß noch ein normales Leben führen, wenn mein Schatten alle vier bis sechs Stunden anfängt, an sich rumzuspielen?
Karsten	Alle vier bis sechs Stunden!?
Ich	Ich war 19! Ich hatte fettige Haut, einen Computer und weder Freunde noch Hobbys. Was hätte ich denn machen sollen!?
Karsten	Alle vier bis sechs Stunden?

Ich	Jetzt sag mir bitte was Beruhigendes.
Karsten	Würde es dich beruhigen, wenn ich dir sage, dass wir das alle gemacht haben?
Ich	Ja, das würde es.
Karsten	Wir haben das alle gemacht damals.
Ich	Wirklich?
Karsten	Nö. Ich hatte ja schon Anke.
Ich	Ich hasse dich.
Karsten	Glaub mir, du hast andere Sorgen im Moment. … Was wird denn das jetzt?
Ich	Was?
Karsten	Leckst du dich da gerade?
Ich	Was!?
Karsten	Es sieht ein bisschen aus, als würdest du dir an der Schulter lecken?
Ich	Ich lecke mir nicht an der Schulter!
Karsten	Doch. Du leckst dir an der Schulter.
Ich	Na gut, ich lecke mir an der Schulter! Na und!? Ich hab eben eine sehr sensible Stelle. Jetzt hör verdammt noch mal auf, da so hinzustarren!
Karsten	Wenn ich das Anke erzähle!
Ich	So! Das reicht jetzt. Die Vorstellung ist vorbei.
Karsten	Was soll das denn!? Könntest du bitte das Licht wieder anmachen?
Ich	Nein.
Karsten	Doch!
Ich	Nein.
Karsten	Ist doch albern jetzt!
Ich	Nein.
Karsten	Wieso denn?

Ich	Weil ich nicht will, dass einer meiner besten Freunde meinem Schatten beim Ejakulieren zuschaut!
Karsten	Jetzt mach das Licht wieder an! Wir verpassen doch alles!
Ich	Nein.
Karsten	Man hört ja nicht mal was.
Ich	Das wär ja noch schöner.
Karsten	Ein bisschen unbefriedigend das Ganze.
Ich	Unbefriedigend?
Karsten	Ja.
Ich	Wieso denn »unbefriedigend«!?
Karsten	Na, so halt! Was machen wir denn jetzt?
Ich	Keine Ahnung.
Karsten	Immerhin einer von uns dreien hat grad' seinen Spaß.
Ich	Sehr witzig. Karsten, du bist der Arzt von uns beiden. Du musst doch wissen, was in so einer Situation zu tun ist!
Karsten	Paul, ich bin ZAHNARZT!

Dienstag

Zu meiner eigenen Überraschung hatte ich vorvorletzte Nacht Sex mit einer Frau.

Dabei gehört es eigentlich zu einer meiner bewundernswertesten Fähigkeiten, mich auf jeder noch so schwulen Party sofort, zielsicher und unsterblich in den einzigen anwesenden heterosexuellen Mann zu verlieben.

Von der einzigen anwesenden heterosexuellen Frau abgeschleppt zu werden, ist selbst für meine Verhältnisse ein wenig neu.

Die gute Michaela, die im Folgenden aus Datenschutzgründen Petra genannt werden soll, hatte kein leichtes Spiel mit mir, wusste aber sehr wohl mit meinem Autismus in sexuellen Angelegenheiten umzugehen. Im Nachhinein betrachtet, würde ich den sexuellen Akt als sehr gemütlich beschreiben. Petra allerdings empfand die Aussage »gemütlich« als beleidigend. Sie erschien mir ohnehin als äußerst aufbrausendes Gemüt. Zweimal schrie sie mich an, weil ich aus Versehen »Michael« zu ihr gesagt habe.

Leonie 3.
Oder:
Das Sexualverhalten
der Gattung Mensch

Der Mensch ist eine wunderliche Kreatur. Kaum eine Spezies hat während unserer weitreichenden Forschungen ein so ausgeprägtes Sexualverhalten an den Tag gelegt wie der *Homo sapiens sapiens*. Eine Vielzahl sonderbar anmutender Rituale und Verhaltensweisen bestimmt seinen ohnehin schon mehr als aufwändigen Prozess der Fortpflanzung. Ein Akt, der sich so umständlich und komplex gestaltet, dass sich heranwachsende Vertreter dieser Spezies als auch sozial isolierte Einzelgänger ständig und immer wieder durch den intensiven Gebrauch spezifischer Lehrfilme auf ihre erste sexuelle Begegnung vorbereiten.

Besonders die Männchen der Gattung Mensch scheinen viel Zeit und Energie auf diese Form der Vorbereitung zu verwenden. Mehrmals täglich prüfen sie die einwandfreie Funktionsfähigkeit ihrer Geschlechtsorgane, oft unter Zuhilfenahme der entsprechenden Lehrmittel. Lehrmittel, die es uns sehr erleichtert haben, das Sexualverhalten der menschlichen Spezies zu verstehen.

Die Gattung Mensch teilt sich demnach in drei Geschlechter: Männchen, Weibchen und Sekundärweibchen. Während Weibchen und Sekundärweibchen nahezu identisch sind, unterscheidet sich das Männchen in seiner anatomischen Ausprägung. Sowohl Weibchen als auch

Sekundärweibchen verfügen über jeweils drei größere Körperöffnungen unterschiedlicher Funktion, Männchen dagegen nur über zwei. Zum Ausgleich tragen sie stattdessen eine kanülenartige Ausstülpung im Lendenbereich, die von Exemplar zu Exemplar aber stark variieren kann. Im Laufe der Paarung wird das Männchen versuchen, seine Kanüle in möglichst viele der drei Körperöffnungen des Weibchens, aber mindestens eine, einzuführen.

Zum Zwecke der Fortpflanzung müssen also mindestens ein Männchen und ein Weibchen zusammenkommen. Die Rolle des Sekundärweibchens ist dabei zuerst ein wenig rätselhaft. Denn es kommt nur gelegentlich hinzu, oft zu einem späteren Zeitpunkt. Dabei tut es meistens überrascht. Auffällig häufig ist das Sekundärweibchen sogar mit dem Primärweibchen verwandt. Es wird sich zwar aktiv am Geschehen beteiligen, aber lange Zeit in einer untergeordneten Rolle verharren.

Das Weibchen empfängt das Männchen meistens in seiner eigenen Behausung oder wahlweise im öffentlichen Fernverkehr. Dabei scheint es besonderen Wert auf die soziale Stellung des Männchens zu legen. Je niedriger die berufliche Tätigkeit, desto stärker scheint das Weibchen interessiert. Männchen aus dem Dienstleistungssektor beispielsweise werden auffällig oft bevorzugt behandelt. Zudem scheint es einen direkten Zusammenhang zwischen dem Interesse des Weibchens und einer verminderten Intelligenz des Männchens zu geben.

Die Männchen dagegen scheinen bei der Wahl ihrer Sexualpartnerin völlig wahllos zu sein.

Das eigentliche Paarungsspiel beginnt mit der Übergabe

einer rituellen Gabe, einem Paarungsgeschenk: flüssige Rauschmittel beispielsweise, süße Nahrung oder ein Werkzeugkasten. Das Weibchen ist zu diesem Zeitpunkt bereits nackt. Anscheinend ist es den weiblichen Exemplaren der Spezies Mensch nicht gestattet, Kleidung zu tragen.

Ein Vorspiel scheint im Paarungsverhalten des Menschen gänzlich unbekannt zu sein. Mit kurzen unvollständigen Sätzen, oft ohne Subjekt oder Prädikat, macht das Weibchen seine Paarungsbereitschaft deutlich. Es wird dazu auf einem Nachtlager, einem Küchentisch oder einem größeren Haushaltsgerät Platz nehmen. Der Akt an sich scheint ein sehr anstrengendes und schmerzhaftes Unterfangen zu sein. Immer wieder wechseln Männchen und Weibchen aus einer Unbequemlichkeit heraus ihre Stellung. Die Rötungen im Gesicht, am Körper und besonders im Genitalbereich deuten auf schwere innere Blutungen hin. Immer wieder versuchen Männchen und Weibchen, sich gegenseitig in den Mund zu beißen. Zudem wird das Liebesspiel von schmerzverzerrten Lauten begleitet, die hin und wieder sogar andere Männchen anlocken können. Das Männchen zeigt sich zwar vom Erscheinen eines männlichen Artgenossen irritiert, lässt diesen aber dank der multiplen Körperöffnungen des Weibchens gewähren. Ganz offensichtlich ein evolutionärer Vorteil des weiblichen Geschlechts.

Mit dem Fortschreiten des Liebesspiels scheint beim Männchen eine Art Kurzzeit-Sediertheit einzusetzen, am stärksten gekennzeichnet durch den Verlust der Sprachfähigkeit. Das Erscheinen des Sekundärweibchens wird nur noch mit einem unverständlichen Grunzen kommentiert. Das Sekundärweibchen beginnt nun damit, aktiv am Paarungsspiel teilzunehmen. Nur dank einer unterschiedlichen Markierung mit kleinen Metallringen im Bauchnabel und im Intimbereich ist es dem Männchen überhaupt noch möglich, Primär- und Sekundärweibchen auseinanderzuhalten. Von der doppelten Stimulation beflügelt, erreicht das Männchen schon bald seinen lang ersehnten Höhepunkt. Mit einem gequälten und eruptiven Grunzen legt das Männchen seinen Samen auf dem Gesicht des Weibchens ab.

Warum auf dem Gesicht und nicht in die Mundöffnung des Weibchens, wo die eigentliche Befruchtung stattfindet?

Nun, erst hier, an dieser Stelle, wird die biologische Bedeutung des Sekundärweibchens deutlich. Mit seiner Zunge nimmt es den Samen des Männchens vom Gesicht des Primärweibchens auf. Erst dadurch findet die notwendige Veredelung des männlichen Samens statt, die eine Befruchtung überhaupt erst möglich macht. Zudem, vermuten wir, fügt das Sekundärweibchen dem aufgeleckten Samen des Männchens ganz unauffällig sein eigenes Fortpflanzungssekret hinzu. Wahrscheinlich besitzt es zwar die Fähigkeit, Nachwuchs zu zeugen, ihn aber nicht, wie es das Primärweibchen tut, auch auszutragen. Erst indem das Sekundärweibchen den Samen des Männchens und damit auch sein eigenes Sekret in die Mundhöhle des Weibchens füllt, kann die Befruchtung stattfinden. Dass es dabei dem Zufall überlassen bleibt, ob eine Befruchtung durch den Samen des Männchens oder das Sekret des Sekundärweibchens stattfindet, duldet das Männchen einzig und allein aufgrund seiner postkoitalen Sediertheit. In wenigen Wochen schon werden in den Backentaschen des Weibchens die ersten Sprösslinge heranwachsen, ob es die Sprösslinge des Männchens oder des Sekundärweibchens sind, muss an dieser Stelle unbeantwortet bleiben.

Zu guter Letzt geben wir zu, dass wir diese komplexen Vorgänge ohne die Begutachtung der verschiedenen Lehrfilme aus dem Bestand eines arttypischen Männchens nur schwerlich verstanden hätten. Es darf getrost als biologisches Wunder gelten, dass die Spezies Mensch angesichts solch komplizierter Paarungsumstände überhaupt noch existiert.

Mittwoch

Manchmal, wenn ich ganz allein vor meinem Rechner sitze und zu Abend esse, wünsche ich mir, ich könnte dabei ein YouTube-Video von Jake Gyllenhaal anschauen, wie er ganz allein vor seinem Rechner sitzt und zu Abend isst.

Herr Caycig.

Oder:
Der Tod steht ihm gut

Seit einem halben Jahr liegt Herr Caycig von nebenan tot in seiner Wohnung. An den Geruch habe ich mich mittlerweile gewöhnt und nutze den unverhofften Stauraum im Hausflur, um mein Fahrrad vor seiner Wohnung abzustellen. Ich habe sogar mit dem Gedanken gespielt, in seinem Türrahmen ein paar Regalböden einzuziehen und einige meiner Zimmerpflanzen auszulagern. »So, Herr Caycig! Das bringt doch gleich wieder richtig Leben in die Bude«, würde ich sagen und mir die Nase zuhalten, um dann doch noch ein paar Duftbäumchen durch seinen Briefschlitz zu schieben.

Dass Herr Caycig es ein wenig übertreibt mit dem Herumgammeln, ist bisher noch niemandem aufgefallen. Außer mir natürlich, und sagen wir so: Ich genieße es sehr, einen Nachbarn zu haben, der den Begriff Totenstille zur Abwechslung mal wörtlich nimmt. Es ist nämlich so, dass nicht Platz der eigentliche Luxus des Lebens ist, sondern Ruhe. Da kann ich auch gern darüber hinwegriechen, dass es in meinem Flur immer nach vergorenen Organen müffelt. Übrigens fällt mir gerade auf, dass das Wort »Organe« ein Anagramm zu »Orange« ist. Das passt in diesem Fall ja auch, ganz hervorragend sogar. Also noch mal: Es ist nämlich so, dass nicht Platz der eigentliche Luxus des Lebens ist, sondern Ruhe. Da kann ich auch gern darüber hinwegriechen, dass es in meinem Flur immer nach vergorenen Orangen müffelt. Ob Herr Caycig wirklich allein dafür verantwortlich gemacht werden kann, bezweifle ich allerdings. Sind ja alle nicht so sauber bei mir in der Lüderitzstraße und knusper schon gar nicht.

Gerne zeige ich Besuchern meines Hauses zum Beispiel die Matratze von Frau Bölke. Dazu brauche ich nicht mal einen Zweitschlüssel, denn die Matratze steht ja jeden Tag im Flur. »Boah! Wer stellt denn seine vergammelte Matratze hier in den Flur? Habt ihr keine Mülltonnen, ihr Schweine?« – »Das ist kein Müll«, sage ich. »Die steht hier nur zum Lüften.«

Herr Caycig und Frau Bölke nehmen sich nicht viel, was den Geruch angeht. Das war zu Caycigs Lebzeiten noch anders. Immer wieder rümpfte er die Nase über das sonderbare Nachtlager seiner Nachbarin von unten, und jeden Abend, wenn im Flur das Licht anging und ein leises schabendes Geräusch zu hören war, als zerre jemand einen Sack Reis über eine mit Vogelsand bestreute Türschwelle, kam auch Herr Caycig aus seiner Wohnung und brüllte Sachen wie: »Kauf dir mal ein neues Bett, du alte Fotze.«

Nicht immer war Herr Caycig derart herb und vulgär in seiner Ausdrucksweise. Als ich eines Nachmittags zu meiner Wohnung hinaufstieg, fand ich einen Zettel an Frau Nachbarins Matratze geheftet: »Das regelmäßige Benutzen von Seife kann zu gelegentlichem Geschlechtsverkehr führen« stand auf dem Zettel. Ich war beeindruckt. Erst einige Tage später kam mir in den Sinn, dass diese subtile Kritik an Frau Bölkes Körper- und Haushygiene vielleicht eine noch viel subtilere sexuelle Anmache gewesen sein konnte. »Waschen

Sie sich endlich, und wir ficken ein bisschen. Mit freundlichen Grüßen, Ihr Nachbar.« Sollte Herr Caycig etwa eine geheime Obsession für Frau Stinkerchen gehegt haben? Hatten die unsichtbaren Ausdünstungen der von Schweiß, Speichel, Milbenkot und Menschenurin durchtränkten Matratze über all die Wochen und Monate seine Sinne umsalbt, sich wie ranziger Bratfettdunst über seine Geruchsrezeptoren gelegt, und waren die nächtlichen Schimpftiraden nur ein schmerzlicher Ausdruck zwischen einer quälenden Erregung seiner Sinne und der beißenden Frustration eines kontrollierten Verstandes? »Oh meine liebe Frau Bölke. Leben wir nicht in zwei unterschiedlichen Welten, du und ich, die uns Liebende so schmerzlich voneinander trennen? Wie Pyramus und Thisbe, Romeo und Julia, Polen und der Rest Europas? Zwei Welten, die unterschiedlicher nicht sein könnten? Ich in einer Welt der Hygiene und du nur in deiner Wohnung?«

Soweit ich das nachvollziehen kann, ist es nie zu einem Stelldichein gekommen. Frau Bölke lässt ihre Körperflüssigkeiten wie eh und je in ihre Gefahrengutmatratze sickern, während Herr Caycig tot in seiner Wohnung liegt und in aller seelenlosen Ruhe seinen Fußboden imprägniert. Wie gesagt: Seit einem halben Jahr geht das so, und während die optische Erinnerung an Herrn Caycig langsam in mir verblasst, man könnte auch sagen, mehr und mehr durch eine olfaktorische Erinnerung ersetzt wird, will mir sein Matratzenkommentar nicht mehr aus dem Kopf gehen. »Das regelmäßige Benutzen von Seife kann zu gelegentlichem Geschlechtsverkehr führen.« War es wirklich so einfach? Seit zehn Jahren lebe ich im Wedding, und seit zehn Jahren versuche ich, das Wesen dieses Stadtteils in seiner Essenz in mich aufzunehmen. »Das regelmäßige Benutzen von Seife.« ... Genau so war es. Wer sich gewaschen hat, darf Liebe machen. Wenn Berlin »arm, aber sexy« war, dann war der Wedding »schmutzig, aber ungefickt«. Ich wollte es von den Dächern schreien: »Wer sauber ist im Schritt, der darf ihn auch benutzen.« Am Leopoldplatz, beim Burger-King, würde ich einem der weiblichen Alkis meinen Arm um die Schultern legen und sagen: »So muss eine Achsel riechen, dann klappt's auch mit dem Nachbarn.« Ich würde Flugzettel über Intimhygiene im Lidl verteilen, Deopröbchen im türkischen Supermarkt und aus jedem Leergutautomaten kämen keine Pfandbons mehr, sondern Gutscheine für Zahnpasta und Seife, und wenn einer kommt und mich schlagen will, dann sage ich: »Nein, nein, mein Lieber. Ich wohne hier. Ich darf das. Ich habe ihn gerochen, den Wedding, und wer ihn nicht gerochen hat, der hat ihn nicht erlebt, der hat ihn nicht begriffen, der weiß nicht, was es heißt, ein Weddinger zu sein.«

Donnerstag

Es bleibt noch zu erwähnen, dass der Sex mit Petra deutlich länger gedauert hat, als ich es gewohnt bin. Die Gründe dafür mögen darin zu finden sein, dass ich a) äußerst betrunken war und mir b) während der Penetration gelegentlich die Frage stellen musste, was wohl mein Onkel dazu sagen würde.

Wenn der Vater
mit dem Sohne skypt

Vater Hallo?
Sohn Hallo.
Vater Hallo?
Sohn Hallo!
Vater Hallo?
Sohn Ja.
Vater Ja?
Sohn Ja. Hallo.
Vater Hörst du mich?
Sohn Ja. Hallo.
Vater Hallo?
Sohn Ja. Ich hör dich. Hallo.
Vater Hallo?
Sohn Ja! Hallo.
Vater Stör ich?
Sohn Ja.
Vater Hallo?
Sohn Was ist denn?
Vater Hast du kurz Zeit?
Sohn Ja.
Vater Nur kurz.
Sohn Ja. Kurz.
Vater Ich will nicht stören.

Sohn	Schon gut.
Vater	Nur kurz.
Sohn	Wenn's wichtig ist.
Vater	Aber nur, wenn du Zeit hast!
Sohn	Wenn du so weitermachst, nicht mehr viel.
Vater	Hast du mein schwarzes Polohemd gesehen?
Sohn	Was?
Vater	Mein Polohemd. Das schwarze.
Sohn	Dir ist schon klar, dass ich vor zehn Jahren ausgezogen bin?
Vater	Aber du warst doch letztens erst hier.
Sohn	Ja. Vor acht Monaten!
Vater	Was? Du bist doch erst im Juni hier gewesen.
Sohn	Juni war vor acht Monaten.
Vater	Und?
Sohn	Was »und«?
Vater	Na, hast du's jetzt gesehen oder nicht?
Sohn	Was?
Vater	Na, mein schwarzes Polohemd.
Sohn	Im Juni?
Vater	Ja.
Sohn	Nee.
Vater	Sicher?
Sohn	Ja.
Vater	Vielleicht hast du es eingepackt und mitgenommen?
Sohn	Warum sollte ich denn dein Polohemd einpacken?
Vater	Na, aus Versehen.
Sohn	Nö.
Vater	Bist du sicher?
Sohn	Hast du keine anderen Polohemden?

Vater Warum?
Sohn Weil du oben ohne vorm Computer sitzt. Im Januar.
Vater Ich sitze nicht oben ohne vorm Computer.
Sohn Vater, das ist Skype. Ich seh dich.
Vater Nein.
Sohn Doch. Glaub mir. Ich seh dich.
Vater Aber ich seh dich doch gar nicht.
Sohn Ich hab auch keine Kamera an meinem PC.
Vater Aber wie kannst du mich denn sehen, wenn du keine Kamera an deinem PC hast?
Sohn Dir ist schon klar, was für eine dumme Frage das ist?
Vater Meine Mutter hat immer gesagt, es gibt keine dummen Fragen.
Sohn Schade, dass Großmutter das nicht mehr miterleben kann.
Vater Warum?
Sohn Weil ich glaube, dass wir gerade eine gefunden haben.
Vater Gut. Welche Farbe hat das Glas in meiner Hand?
Sohn Das ist eine Tasse. Kein Glas.
Vater Musst du nicht arbeiten?
Sohn Ja. Müsste ich.
Vater Dann stör ich.
Sohn Nee, schon gut. Es ging nur um das Polohemd?
Vater Ja. Ist aber nicht so wichtig. Ich hab ja noch andere. Was machst du denn?
Sohn Ich muss ein Interview schreiben. Aber mir fällt nichts ein.
Vater Du kannst doch mich interviewen.
Sohn Dich? Worüber denn?

Vater Na, mein Leben.
Sohn   Welches Leben?
Vater Oder Mama.
Sohn   Ich soll Mutter interviewen?
Vater Wen?
Sohn   Na, Mama.
Vater Worüber?
Sohn   Na, über ihr Leben.
Vater Welches Leben?
Sohn   So ein Interview muss schon ein bisschen mitreißend sein.
Vater Was?
Sohn   Mitreißend.
Vater Was?
Sohn   Na, spannend!
Vater Du findest uns nicht spannend?
Sohn   Wir haben noch eine dumme Frage gefunden.
Vater Ich muss los. Wie macht man das wieder aus?
Sohn   Was?
Vater Na, Skype.
Sohn   Auf den roten Knopf.
Vater Hier ist kein roter Knopf.
Sohn   Nicht auf der Tastatur.
Vater Ich guck nicht auf die Tastatur.
Sohn   Doch.
Vater Nein.
Sohn   Doch.
Vater Ach hier. Mit der Maus.
Sohn   Ja.
Vater Hallo?

Sohn	Ja. Ich bin noch da.
Vater	Hallo?
Sohn	Ja. Hallo.
Vater	Soll ich Mutter grüßen?
Sohn	Wen?
Vater	Na, Mama.
Sohn	Ja. Mach mal. Und frag sie mal, ob sie meine schwarze Mütze gesehen hat.
Vater	Welche Mütze?
Sohn	War nur ein Scherz.
	…
	Hallo?
	…
	Hallo!?

Freitag

Seit dem Frühstück frage ich mich, wem meiner schwulen Freunde die Information zuzumuten ist, dass ich Sex mit einer Frau hatte. Immerhin will ich mich nicht brüsten. Ach was! Natürlich will ich mich brüsten. Seit sechs Tagen widerstehe ich dem innerlichen Drang, die ganze Geschichte bei Facebook zu posten, und ärgere mich fürchterlich, dass ich kein passendes Bildmaterial mitliefern kann.

Die Kinder zum Hof

Das Leben der Kinder in meinem Hinterhof wird überschattet von einem beherrschenden und allgegenwärtigen Problem: notorischer Langeweile. Wenn ich aus meinem Wohnzimmerfenster hinunterschaue, auf die winzigen wuselnden Köpfchen, und nach wenigen Sekunden jeden Zählversuch enttäuscht aufgeben muss, scheint es mir fast so, als sei eben jene notorische Langeweile auch der einzige Grund, warum diese Horden an Kindern überhaupt gemacht wurden. So ist das bei uns in Berlin. Da werden Kinder noch aus Langeweile produziert und nicht wie in München, damit man etwas hat, das man auf den Rücksitz seines BMWs setzen kann. In Stuttgart macht man Kinder, weil die Nachbarn auch welche haben, in Hamburg, damit man in der Agentur was rumreichen kann, und im Prenzlauer Berg, weil es bei H&M einfach keine zu kaufen gibt. Langeweile allerdings scheint von all diesen Beweggründen der stärkste Antrieb zu sein. Das lässt zumindest die Kinderdichte in meinem Hinterhof vermuten.

Da gibt es zum Beispiel im Seitenflügel diese anatolische Familie. Die sitzen nach Einbruch der Dunkelheit immer so gemütlich beieinander, dass man wirklich glauben könnte, Gott hätte dieser Familie alles gegeben, was für ein gutes und glückliches Leben notwendig ist, also abgesehen von

Vokalen im Nachnamen oder einer dauerhaften Aufenthaltsgenehmigung. Auch in meinem erweiterten Familienkreis beides Mangelware. Kinder aber haben die, Unmengen davon. Die kriegen so häufig ein neues Baby wie ich Besuch vom Gasableser. Das muss doch etwas mit Langeweile zu tun haben. Bei genauerer Beobachtung könnte man sogar auf den Gedanken kommen, dass Langeweile eine dominant vererbte Eigenschaft ist. Denn wenn ich am frühen Nachmittag aufwache und meinen ersten Blick in den Innenhof tue, erschrecke ich gelegentlich und denke, es hätte über Nacht ein spontanes Massensterben eingesetzt. Dabei liegen die Kinder nur in der Gegend herum und langweilen sich fürchterlich. Das ist aber auch wirklich nachvollziehbar, wenn man in einer Welt lebt, die zwischen Vorderhaus, Seitenflügel und Gartenhaus Platz findet. Da fängt ja auch alles an. Wenn die Kleinen noch Käseschmiere hinter den Ohren und Fruchtwasser zwischen den Zehen haben, steht der halbe Wedding bei uns im Hinterhof und will einen Blick auf das frischgebackene Neugeborene werden. Aber sobald die Kleinen alt genug sind, um eigenständig sitzen zu können, überlässt man sie sich selbst, hockt sie auf eine der Betonplatten im Hinterhof und schaut vielleicht in ein paar Tagen mal nach, was wohl aus ihnen geworden ist. Das ist gar nicht so ungewöhnlich. Als meine Eltern nach Deutschland gekommen sind und noch im Lager wohnen mussten, haben die polnischen Familien auch alle ihre Kinder einfach unter einem Baum zwischen den Häusern platziert und ab und zu aus den einfach verglasten Plattenbaufenstern hintergeschielt, ob es wieder eins weniger geworden ist. Polnischen Sozialdarwinismus nannte man das damals: Survival of the fittest. Die meisten von uns haben nur deswegen überlebt, weil sie gescheit und unmoralisch genug waren, sich von den Kindern zu ernähren, die es leider nicht geschafft haben. Es mag an der Religion liegen, aber die Polen hatten schon immer ein sehr ungezwungenes Verhältnis zu Mensch gewordenen Fleisch- und Blutspeisen.

Solch einen katholischen Kannibalismus gibt es bei uns im Hinterhof natürlich nicht. Zuallererst einmal sind die meisten Kinder Muslime (wäre ich gläubiger Muslim, würde ich auch keine anderen Kinder essen). Zum Zweiten sind die Kleinen einfach viel zu gelangweilt und entkräftet, um übereinander herzufallen. Wenn aber jemand durch das Tor im Vorderhaus tritt, geht eine sonderbare Unruhe durch die Kinder: ein Murmeln, fast wie das leise Knurren eines kollektiven Magen-Darm-Trakts. Dann ploppt ein einzelnes Individuum wie ein Späher aus dem gefühlten Dutzend heraus, kommt mit ausgestreckter Hand auf einen zu und fragt in einem lauten freundlichen Ton: »Hallo mein Freund! Wie geht es dir?« – Als mir das zum ersten Mal passiert ist, wollte ich instinktiv einen Döner ohne Zwiebeln bestellen.

Mittlerweile kenne ich die Prozedur:

»Hallo mein Freund! Wie geht es dir?«

»Gut. Und selbst?«

»Ey, warst du einkaufen?«

»Ja.«

»Was hast du gekauft?«

»Papaya.«

»Ey, gib uns Papaya!«

»Nö.«

»Was hast du noch gekauft?«

»Thunfisch in eigenem Saft.«

»Ey, gib uns Thunfisch in eigenem Saft!«

»Nö.«

»Was hast du noch gekauft?«

»Acetylsalicylsäure.«

»Ey, gib uns Azezylsäure.«

»Wozu? Hast du Kopfschmerzen?«

»Nein, Alter.«

»Dann nicht.«

Dieses hungergelenkte Verhalten ist geprägt von einer ungeheuren Ausdauer. Ich wohne seit zehn Jahren dort und sie fragen mich immer noch, jeden Tag. Mittlerweile habe ich mir angewöhnt, nur noch kopfschüttelnd an ihnen vorbeizugehen und mir Sachen anzuhören wie »Ey Alter, bist du unfreundlich!«.

Wirklich hungrig sind die Kinder in den meisten Fällen natürlich nicht. Aber während, wie bereits erwähnt, Langeweile das beherrschende Problem dieser Hinterhofpopulation darstellt, ist die Kompensation selbiger die einzige, tagesfüllende Tätigkeit. Dabei legten die Kleinen anfänglich ein sehr klischeehaftes Verhalten an den Tag. Wenn ich zum Beispiel aus meinem Hinterhaushochstand hinuntersah, war es, als sähe ich eine türkische Adaption der Kleinen Strolche. Es wurden Briefkästen angezündet, Mülltonnen umgeschmissen, Einkaufswagen, Kinderwagen und Gehwägelchen die Kellertreppe hinuntergestoßen, und es wurden Fensterscheiben eingeschlagen: auch gerne mal die eigenen. Besonders unterhaltsam waren die aus Langeweile entstandenen Wandbemalungen. Während mein kindliches Wachstum mit Strichen und Datumsangaben an unserer

Wohnzimmerwand verewigt wurde, lassen sich die Wachstumsfortschritte meiner Hinterhofkinder an den Wänden in unserem Hausflur verfolgen. In Bodennähe schmücken noch bunte, aber unförmige Kritzeleien den rauen Putz. Wenige Zentimeter darüber, etwa in Kniehöhe, sind aus den Kritzeleien konkrete Objekte geworden: Blumen, Häuser, Penisse. In Hüfthöhe wird das Farbspektrum reduziert, und die Objekte wandeln sich zu ersten Buchstabengruppen, die Vornamen wie »Hassan« oder Lieblingswörter wie »Scheise« vermuten lassen. In Brusthöhe schließlich erscheinen dann die ersten vollständigen Satzkonstruktionen, zum Beispiel: »Ich ficke Düriye«, bis Sätze wie dieser in Schulterhöhe durch dadaistische Experimentalgrammatik auf einen Höhepunkt getrieben werden: »Jenny, du tust von uns gefickt werden.« Es bleibt dabei dem Leser überlassen zu entscheiden, ob es sich hierbei um den fehlerhaften Gebrauch des Futur I oder sozial-literarischen Widerstand gegen das Establishment handelt.

Nun ist die selbstgeschaffene Literatur mitunter ein sehr kurzweiliges Vergnügen. Also üben sich die Kinder regelmäßig in immer neuen Ausdrucksformen ihres Kreuzzugs gegen die Langeweile. Vor drei Wochen zum Beispiel haben die Kleinen mit vereinten Kräften in einem 30-Sekunden-Akt alle Bewohner des Seitenflügels von ihrem Kabelanschluss befreit. Ich habe leider nicht genau verstehen können, was »Hau Ruck!« auf Türkisch heißt. Allerdings war dieser belustigende Akt des Vandalismus ein Schnitt ins eigene Fleisch, da er auch den eigenen Vater seiner geliebten Feierabendunterhaltung beraubte.

Seit diesem folgenschweren Tag hat die anhaltende

Langeweile der Kinder ein jähes Ende gefunden. Die Kinder werden nun jeden Morgen in drei Gruppen unterteilt: Gruppe 1 besteigt in den frühen Morgenstunden den grünen Lieferwagen des Vaters und wird im Laufe des Tages in den verstreutesten Winkeln Berlins Haushalte auflösen, Keller entrümpeln, Sperrmüllhaufen abtragen, aufschichten und die Hinterhöfe der Stadt nach verwaisten Möbelstücken durchforsten. Gruppe 2 dagegen wird zeitgleich die Ausbeute des Vortages auf Vordermann bringen. Sie wird schrauben, bürsten, wischen, polieren und den mit Teppichen ausgelegten Hinterhof so lange mit Wasser fluten, bis auch die letzten Flecken Katzenpisse hinausgespült und zwischen den Betonplatten versickert sind. Gruppe 3 aber wird nach dem Frühstück in die Schule geschickt. Sie ist es, die jeden Morgen dreinschaut, als hätte sie, von allen Kindern, das schwerste Los gezogen.

Damit auch jedes der Kinder die Freuden der anderen zu schmecken bekommt, hat sich der Vater darüber hinaus ein gewinnmaximierendes Rotationssystem überlegt. Dreifelderwirtschaft in einer postindustriellen Dienstleistungsgesellschaft. Seitdem herrscht Ruhe in unserem Hinterhof. Kein Geschrei, kein Gebrüll, kein Kindergarten-Kreuzberg-Feeling mehr. Und wenn ich jetzt am frühen Nachmittag aus den Federn krieche und meinen ersten Blick aus dem Fenster tue und sehe, wie die Kinder in unserem Hof herumliegen, als hätten sie Malaria und Ebola, dann ist das keine Langeweile mehr, sondern lieblich süße Feierabendmüdigkeit.

Samstag

Am frühen Morgen willkommene Ablenkung. Im Briefkasten die Kopie eines Arztbriefes meiner Mutter. Es wäre nicht das erste Mal, dass sie ihrem Arzt misstraut und lieber noch die Meinung eines Hypochonders einholt, der ganze zwei Semester lang Medizin studiert hat. Ich muss allerdings zugeben, dass ich diesen Arztbrief wirklich besorgniserregend finde. Allem Anschein nach ist Mutter bei einem Nephrologen in Behandlung. Noch wesentlich beunruhigender finde ich die Tatsache, dass er Arztbriefe in der Schriftart Comic Sans Serif verschickt.

PS:
Am frühen Morgen ein leichtes Brennen in der unteren Körperhälfte verspürt. Ein bisschen spät für eine allergische Reaktion gegen das weibliche Geschlecht. Vermutlich bin ich in einer Woche tot.

Briefe, die einer schrieb, bevor er an den Folgen einer Mandel-OP zugrunde ging

Am kommenden Montag lasse ich mir in der Hals-Nasen-Ohrenklink meines Vertrauens meine Mandeln entfernen. Eine sogenannte Tonsillektomie ist im Grunde ein ganz harmloser medizinischer Eingriff, bei dem die Mandeln mit kleinen Schlingen umfasst und herausgeschält werden. Sollte ich dennoch bei diesem eher unbedenklichen Eingriff dahinscheiden, so möchte ich höflichst darum bitten, die folgenden Briefe ihren rechtmäßigen Empfängern zuzustellen:

1

Lieber Thomas,
vermutlich bist du der Erste, der von meinem Tod erfährt. Wer hätte gedacht, dass einem Arzt im Praktikum gelingen würde, was einige Bus- und Taxifahrer Berlins seit so langer Zeit versuchen.

Du bist mir all die Jahre ein treuer Freund gewesen, und ich möchte dir für unsere gemeinsame Zeit danken, bis auf diese absurden Skat-Abende mit deinem neuen Freund. Ich kann nicht begreifen, warum du dich derart unter Wert verkaufst. Er muss einen unglaublich großen Penis haben! Du wirst mir diese letzte Direktheit verzeihen, muss ich doch zugeben, nicht so recht zu wissen, mit welchen Worten ich mich von einem intelligenten und vor allem rationalen Menschen wie dir verabschieden könnte.

Deshalb mache ich es kurz:

Tschüssikowski,

dein Paul

2

Liebe Großmutter,

wie geht es dir? Ich weiß natürlich, dass wir erst Mitte August haben, aber könntest du mir mein diesjähriges Weihnachtsgeld und vielleicht auch gleich noch den Anteil meines Erbes ein klein wenig früher schicken?

Ganz liebe Grüße!

Dein Lieblingsenkel

Paul

3

Lieber Thomas,

jetzt sind mir doch noch ein paar tröstende Worte eingefallen: Die PIN meiner beigelegten EC-Karte lautet »8874«.

Frohe Weihnachten!

4

Lieber Herr Müller-Lehmann,

ich bin mir nicht sicher, ob Sie sich noch an mich erinnern. Sie waren von 1996 bis 98 der Vertrauenslehrer an meiner Schule und darüber hinaus mein Lehrer im Fach Deutsch. Einmal, vielleicht erinnern Sie sich noch, haben Sie unter eine meiner Deutscharbeiten geschrieben, ich solle doch endlich die Hoffnung aufgeben, ein zweiter Georg Büch-

ner zu werden. Anbei nun ein Freiexemplar meines ersten Buches, ein paar Fragmente meiner weiteren Arbeiten und die Information, dass ich mit Mitte 20 an den Folgen einer chronischen Tonsillitis verstorben bin.
Mit freundlichen Grüßen,
Paul ›Georg Büchner‹ Bokowski

5

Lieber Stefan Hagemeyer,
weil wir jung, dumm und vor allem sehr betrunken waren, hatten wir im Spätsommer 1999 bei einem Sprachaustausch an der englischen Nordseeküste ungeschützten Geschlechtsverkehr, genau so, wie du es unbedingt wolltest. Nun habe ich leider erfahren, dass ich mittlerweile verstorben bin. Vielleicht möchtest du dich testen lassen.

6

Lieber Thomas,
fast hätte ich es vergessen: Der Zweitschlüssel meiner Wohnung klebt unter meinem Briefkasten. Schnapp dir einfach alles, was du gebrauchen kannst, bevor meine Eltern kommen und den Kram der verdammten Wohlfahrt überlassen. Außerdem möchte ich dich noch um einen eher ungewöhnlichen Gefallen bitten: Sei doch so gut und leg mir noch ein billiges Tittenheft unter die Matratze. Meine Eltern sollen zumindest nach meinem Tod den Sohn bekommen, den sie sich ein Leben lang gewünscht haben.

7

Liebe Mutter,
wie du weißt, habe ich mir vor ein paar Tagen meine Mandeln entfernen lassen. Dabei ist mir klar geworden, dass du recht hattest, all die Jahre lang. Ich hätte deinen beharrlichen Ratschlägen folgen sollen, anstatt mein Leben einer so albernen und brotlosen Kunst wie der Literatur und anderen Männern zu widmen.

Daher habe ich beschlossen, deinem Wunsch Folge zu leisten, mir endlich ein Weib zu nehmen und doch noch Medizin zu studieren, genau so, wie du es immer wolltest. Ich melde mich nach dem zweiten Staatsexamen oder wenn unser erstes Kind geboren wurde, je nachdem, was zuerst passiert.

8

Lieber Thomas,
Ich habe mir noch ein paar Gedanken dazu gemacht, welcher Spruch auf meinem Grabstein stehen soll. Leider konnte ich mich bis zuletzt nicht so recht entscheiden. Ich würde allerdings folgende Möglichkeit favorisieren: *20 Prozent auf alles – außer Tiernahrung.*

9

Lieber Papa,
als ich dich im Alter von sieben, elf, vierzehn, vierzehneinhalb und 21 Jahren fragte, warum du dich nicht einfach von Mutter scheiden lässt, anstatt diese täglichen Qualen einer so polnischen Ehe über dich ergehen zu lassen, hast du stets

darauf geantwortet, du würdest meinetwegen bei ihr bleiben. In diesem Sinne habe ich ziemlich gute Neuigkeiten.

10

Lieber Thomas,
jetzt habe ich mich doch entschieden: Falls ich wirklich an den unmittelbaren Folgen meiner Mandel-Operation dahinscheiden sollte, so möge der folgende Satz auf meinem Grabstein zu lesen sein: *Paul Bokowski. Kann Spuren von Mandeln enthalten.*

Sonntag

Die zwischenmenschlichen Reaktionen auf mein Erlebnis mit Petra letzte Woche waren vielfältig. Besonders der gute Oliver hat sich mit der Information an sich ein bisschen schwergetan. Als hätte ich wahllos irgendwelche Begriffe in den Raum geworfen, die in ihrer Kombination keinen großen Sinn ergeben. Wie zum Beispiel: »Oliver, ich habe gestern die Kreiszahl Pi mit Fledermäusen vertikutiert, und sie hat irgendwie rot gerochen, aber hatte unheimlich große Waldorfschüler aus Nicaragua und in ihrer Kaufmannslehre ein Känguru versteckt«. Im Nachhinein betrachtet würde ich seinen Gesichtsausdruck als sehr ausdruckslos bezeichnen.

Zumindest auf Thomas war Verlass. Als ich bei einem Spaziergang nach dem Mittagessen die Erlebnisse mit Petra darlegte und zum ersten Mal den Begriff Venushügel formulierte, erbrach er sich kurzerhand in die Hecke einer nahegelegenden Grünanlage.

Stefanie und Jürgen

Frau Brohm	Herr Bokowski, guten Morgen!
Ich	Guten Morgen.
Frau Brohm	Gut geschlafen?
Ich	Nee. Gar nicht geschlafen.
Frau Brohm	Wie kommt's?
Ich	Wenn ich das wüsste!
Frau Brohm	Bitte?
Ich	Na ja. Ich kenn den Grund, aber nicht die Ursache.
Frau Brohm	Das klingt ja sehr geheimnisvoll.
Ich	Ja. Klang es letzte Nacht auch!
Frau Brohm	Bitte?
Ich	Sagen wir: Ungewohnte Geräusche zu nachtschlafender Zeit aus der Wohnung meines Nachbarn oben drüber.
Frau Brohm	Ungewohnte Geräusche?
Ich	Ja.
Frau Brohm	Geschlechtsverkehr?
Ich	So ungewöhnlich auch wieder nicht.
Frau Brohm	Aber Geräusche zur nachtschlafenden Zeit aus der Wohnung Ihres Nachbarn? Das ist doch nichts Neues!

Ich	Na ja. Die Geräusche, die sonst so aus seiner Wohnung kommen, könnte man ja mit etwas Wohlwollen als Musik bezeichnen.
Frau Brohm	Und die Geräusche letzte Nacht?
Ich	Mit sehr viel Wohlwollen klang das bestenfalls nach Zwölf-Ton-Musik.
Frau Brohm	Vielleicht war es das ja!
Ich	Ohne Ihrer Menschenkenntnis zu nahe treten zu wollen, aber ich kann mir nicht vorstellen, dass ein Weddinger Gerüstbauer namens Dieter, der morgens um elf am Imbiss zur Mittelpromenade sein erstes Schultheiss trinkt, um zwei Uhr morgens nach Hause wankt, nur um Zwölf-Ton-Musik zu hören.
Frau Brohm	Was hört er denn sonst so?
Ich	Ach, der Dieter ist ja eine ganz sensible Seele.
Frau Brohm	Das heißt?
Ich	Das heißt Katja Ebstein, Daliah Lavi und Xavier Naidoo.
Frau Brohm	Das finde ich jetzt aber ähnlich unrealistisch wie die Sache mit der Zwölf-Ton-Musik.
Ich	Ich schwöre es Ihnen! Bei meinem Jahresvorrat Ohropax! Alle zwei Wochen wache ich nachts auf, weil Dieter in einer Endlosschleife »Mein Freund der Baum« hört.
Frau Brohm	Und letzte Nacht?
Ich	Letzte Nacht klang es eher so, als hätte er versucht, »Mein Freund der Baum« zu tanzen.
Frau Brohm	Eurythmie für Fortgeschrittene?

Ich	Nicht ganz. Eher so dumpfe, sehr unkoordinierte Geräusche. Manchmal rhythmisch, manchmal wahllos.
Frau Brohm	Hat er Kinder?
Ich	Ich hoffe nicht! Zumindest vertraue ich auf eine höhere Macht, die verhindert, dass Menschen wie Dieter Nachkommen zeugen.
Frau Brohm	Vielleicht ein Haustier!
Ich	So wie sich das angehört hat, müsste dieses Haustier schon adipös oder halbseitig gelähmt sein.
Frau Brohm	Vielleicht ein Känguru!
Ich	Ein adipöses, halbseitig gelähmtes Känguru?
Frau Brohm	Es könnte auch ein normales Känguru sein. Oder ein Kaninchen!
Ich	Kaninchen hoppeln. Davon wird doch niemand wach.
Frau Brohm	Vielleicht ein klopfender Hase!
Ich	Ein mitteleuropäischer, adipöser, halbseitig gelähmter, klopfender Feldhase? Das würde Dieter schon fast wieder sympathisch machen.
Frau Brohm	Warum?
Ich	Ich hatte auch mal Hasen. Als ich noch klein war. Die haben bei uns im Garten gewohnt.
Frau Brohm	Sie hatten Feldhasen als Haustier?
Ich	Eigentlich wollte ich immer ein Meerschweinchen haben. Aber meinem Vater war das nicht männlich genug.
Frau Brohm	Nicht männlich genug?

Ich	Ja. Mein Vater hatte immer panische Angst davor, ich könnte zu weibisch werden. Oder schwul. Oder beides.
Frau Brohm	Dann also lieber Feldhasen!?
Ich	Vater wollte, dass ich sie »Friedrich« und »Wilhelm« nenne. Irgendwas Ansehnliches. Mit Klang. Ich hab dann einfach »Stefanie« und »Jürgen« zu ihnen gesagt.
Frau Brohm	Und wie alt sind Stefanie und Jürgen geworden?
Ich	Nicht mal zwei, glaube ich.
Frau Brohm	Schade!
Ich	Ja. So ein Hasenleben ist nicht sehr beständig in einer polnischen Familie.
Frau Brohm	Bitte?
Ich	Eines Tages kam ich aus der Schule und mein Vater hat mir erzählt, Stefanie und Jürgen seien weggelaufen, und zwei Monate später hab ich im Mülleimer Gefrierbeutel gefunden.
Frau Brohm	Gefrierbeutel?
Ich	Ja. Benutzte Gefrierbeutel mit der Aufschrift »Stefanie und Jürgen«. Meine Mutter war schon immer sehr pragmatisch in diesen Dingen.
Frau Brohm	Oh, Gott. Das klingt ja fast nach einem frühkindlichen Trauma.
Ich	Na ja. Ich war neun.
Frau Brohm	Trotzdem! Was sich da alles hätte ablagern können in Ihrem Unterbewusstsein!

Ich	Jetzt spinnen Sie mal nicht rum.
Frau Brohm	Und ausgerechnet Hasen!
Ich	Wieso denn »ausgerechnet«?
Frau Brohm	Na, Hasen sind doch das klassische Symbol für Sexualität.
Ich	Versuchen Sie mir gerade einzureden, meine Mutter hätte meine Sexualität in einem Gefrierbeutel in ihrer Kühltruhe aufbewahrt?
Frau Brohm	Seh'n Sie! Trauma!
Ich	Blödsinn!
Frau Brohm	Mensch, Herr Bokowski! Die haben Ihre Haustiere umgebracht. Sind Sie denn wirklich überhaupt nicht böse deswegen?
Ich	Komischerweise war ich nicht einmal damals richtig böse. Erstens haben Stefanie und Jürgen ziemlich gut geschmeckt ...
Frau Brohm	Pah!
Ich	Und zweitens: Was soll ich meinen Eltern denn vorwerfen?
Frau Brohm	Mord! Grausamkeit! Lüge!
Ich	Na ja. Angelogen haben sie mich schon. Aber das könnte man auch wohlwollend formulieren.
Frau Brohm	Wie denn?
Ich	Mir wurde die Wahrheit aufgetischt!
Frau Brohm	Manchmal geht mir Ihr wohlwollendes Wesen ein bisschen auf die Nerven! Was ist denn mit Ihrem Gerüstbauer? Werden Sie da auch so wohlwollend reagieren?

Ich	Ach, um Dieter mach ich mir wirklich keinen Kopf.
Frau Brohm	Woher diese Gelassenheit?
Ich	Ich hab einfach eine ziemlich große Gefriertruhe.

Montag

Zum ersten Mal seit sieben Jahren bin ich im Berliner Berufsverkehr unterwegs. 99 Prozent aller Menschen in dieser U-Bahn sind auf dem Weg zur Schule, zur Uni, zum Amt oder zur Arbeit. Nur ich fahre mit einem Plastikbecher voller Eigenurin zum Urologen. Das also ist das wilde Künstlerleben, um das mich so viele meiner Freunde beneiden.

Die Schlager-Nackt-Party

Sollten Sie noch immer der festen Überzeugung sein, Homosexuelle seien so normal wie andere Menschen, dann sollten Sie zumindest einmal in Ihrem Leben jener absonderlichen Veranstaltung beigewohnt haben, die im folgenden Text beschrieben wird. Denn alle acht Wochen findet in Berlin eine Party statt, die das genaue Gegenteil beweist: die Schlager-Nackt-Party. Schwule Männer, die zusammenkommen, um zu Schlagermusik zu tanzen. Und als sei das nicht schon schlimm genug, tun sie es nackt, splitterfasernackt. Sie werden zugeben, dass das doch alles ist, alles – nur nicht normal.

21.00 Uhr

Seit vier Wochen bin ich Mitglied in einem Kneipenverein: ein Kollektiv von 25 Leuten, das eine schwul-lesbische Kneipe in Berlin-Mitte betreibt. In einem Anfall geistiger Umnachtung habe ich mich für den Bardienst bei der Schlager-Nackt-Party eingetragen. Die Fenster des Ackerkellers (einer Kollektivkneipe) sind mit großen schwarzen Tüchern verhängt. Ich klopfe, man öffnet mir. Als ich die Kneipe betrete, werde ich von meinen Vereinskollegen mit einem kollektiven »Ausziehn!« begrüßt.

21.12 Uhr

Rainer, Nils und Martin laufen nackt durch die Gegend und treffen eilig die letzten Vorbereitungen. »Die letzten Vorbereitungen«, das bedeutet im Falle der Schlager-Nackt-Party, dass alle Stühle, Sessel und Sofas mit großen Laken überworfen werden. Es dauert einen Moment, bis mir dämmert, warum.

21.29 Uhr

Gott ist groß, Gott ist gnädig. Aus hygienischen Gründen darf die Barschicht des Abends, respektive ich, ein Mindestmaß an Kleidung anbehalten.

21.36 Uhr

Ich habe trotzdem sieben verschämte Minuten gebraucht, um mich umzuziehen. Erinnerungen an den Sportunterricht stiegen in mir auf. Erinnerungen von der siebten Klasse bis zum Abitur.

Outfit des Abends: Weiße Sportsocken, rotes Adidas-Turnhöschen, ein Feinrippunterhemd von C&A.

Vermutung des Abends: Im Gegensatz zu mir werden meine Klamotten am Ende des Abends Sex gehabt haben.

21.44 Uhr

Man hat mich zu einem Tippspiel genötigt. Mitmachen soll jeder, der heute Abend Dienst hat. Zu diesem Zweck schreibt man einfach seinen Namen auf einen Zettel und setzt eine Uhrzeit dahinter. Anschließend werfen alle Beteiligten einen Fünf-Euro-Schein in die sogenannte »Sperma-Kasse«. Wenn der erste Gast des Abends ejakuliert hat, ist das Spiel vorbei. Wer am nächsten an der richtigen Uhrzeit dran ist, hat gewonnen und bekommt am Ende des Abends den kompletten Pott ausgezahlt. Ganz einfach eigentlich.

22.00 Uhr

Der Einlass beginnt. Eine kleine Gruppe von sechs Männern betritt den Laden. Routiniert entblättern sie sich, stopfen ihre Klamotten in einen weißen Plastiksack und bekommen von Nils eine Nummer auf den Oberarm geschrieben. Über diese Nummer können sie bei uns an der Bar Getränke bestellen. Wenn sie am Ende des Abends wieder gehen, wird abgerechnet. Auch ganz einfach eigentlich.

Das erste Lied des Abends: Michael Holm: »Barfuß im Regen«

Damit die Gäste auf dem Klo nicht irgendwann barfuß in der eigenen Pisse stehen, dürfen sie ihre Schuhe anbehalten. (Aus irgendeinem Grund sehen nackte Männer immer etwas albern aus, besonders, wenn sie dabei festes Schuhwerk tragen.)

22.30 Uhr

Die Atmosphäre ist entspannt, erotisiert, aber noch unsexuell. Immer wieder wandern geschwungene Blicke kurz und beiläufig durch den Raum und verharren nur einen winzigen Moment irgendwo in Hüfthöhe. Das stille Szenario wird untermalt von Roland Kaiser: »Manchmal möchte ich schon mit dir«.

22.51 Uhr

Immer wieder, wenn die Eingangstür aufschwingt, drehen sich die Köpfe kollektiv wie bei einer kleinen Horde Erdmännchen in Richtung Einlass. Nils und Martin stehen vor einem Teufelsberg aus weißen Plastiksäcken und schreiben beharrlich Nummern auf halbmuskulöse Oberarme.

Anzahl der Gäste: 49. Erektionen: 4.

23.20 Uhr

Soeben wurde der Ackerkeller von zwei Heteropärchen Mitte 30 betreten. Laut Rainer sind die Heteros immer die Ersten, die ficken. Die würden auch nur Cola oder Tee bestellen.

23.23 Uhr

Ich mache zwei Cola light, eine Apfelsaftschorle und einen Grünen Tee »Liebe und Geborgenheit«.

Severine: »Jetzt geht die Party richtig los«

23.41 Uhr

Nils und Martin schichten beharrlich weiße Säcke übereinander. Kurzzeitig ging das Gerücht, man hätte den Penis von Volker Beck gesehen. Wohlgemerkt: den Penis von Volker Beck, nicht Volker Beck selbst.

Anzahl der Gäste: 76. Erektionen: 12,5.

23.49 Uhr

Ich habe das Gerücht in die Welt gesetzt, man hätte den Penis von Claudia Roth gesehen.

Mitternacht

Rainer behauptet, auf der Toilette angespritzt worden zu sein. Der Verdacht konnte nicht bestätigt werden.

Michael Holm: »~~Spermaflecken~~ Tränen lügen nicht«

0.29 Uhr

Die Stimmung wandelt sich. An der Bar steht ein muskulöser Mittdreißiger und unterhält sich mit Franz aus Karlsruhe über die sexuellen Vorzüge einer Hausratsversicherung. Dass ihm dabei ein bäriger Kerl um die 1,60 Meter den Hintern leckt, ist schon lange nicht mehr ungewöhnlich.

Klaus & Klaus: »Da steht ein Pferd auf'm Flur«

0.39 Uhr

In der Tür steht ein Ehepaar aus Villingen-Schwenningen. Fassungslos starren sie in die nackte Menge. Erst nach ein paar Sekunden kommen sie wieder zur Besinnung und fragen Martin nach dem Weg zum Nordbahnhof.

0.45 Uhr

Ich bin zum Gläsersammeln auf der Tanzfläche unterwegs. Es ist kein Durchkommen mehr. Nacktes Fleisch hüpft und wabert zu Klängen von Joy Fleming und Wolfgang Petry.

0.51 Uhr

Das Ehepaar aus Villingen-Schwenningen ist wieder da. Er heißt Jürgen und ist so alt wie mein Vater, sie heißt Inge und findet das alles »fürchterlich aufregend«.

1.15 Uhr

Nils und Martin stehen vor der Zugspitze aus Plastiksäcken und wundern sich, dass noch niemand abgespritzt hat. Wie soll man bei Musik von Klaus und Klaus auch abspritzen?, frage ich mich. Ich sehe den Wald vor lauter Pimmeln nicht.

Anzahl der Gäste: 119. Erektionen: überall.

1.22 Uhr

Jürgen aus Villingen-Schwenningen ist der erste Ejakulator des Abends. Das wissen wir von Inge. Sie trägt sein »Selbstgebrautes« stolz auf ihrem Busen durch die Menge.

Rex Gildo: »Fiesta Mexicana«

Wenige Minuten später:

Nachdem Jürgen und Inge den Bann der Keuschheit gebrochen haben, gibt es auch unter den Gleichgeschlechtlichen kein Halten mehr. Seit 1.45 Uhr wird zurückgespritzt.

Petula Clark: »Downtown«

2.19 Uhr

Ich habe keine Lust mehr. Zu viel Schlager, zu viele Gäste, zu viel Schlager. Ich habe wirklich keine Lust mehr. Ich gehe raus auf den Bürgersteig und mache eine Pause. Alles in Unterwäsche. Ist mir doch egal.

Anzahl der Gäste: 142. Erektionen: teilweise ziemlich gut versteckt, aber trotzdem anwesend.

2.55 Uhr

Jedes Mal, wenn ich durch die Menge gehe, um nach Gläsern zu suchen, werde ich von den Spitzen feuchter Penisse in die Hüfte gepiekt.

France Gall: »Zwei Apfelsinen im Haar und an den Hüften Bananen«

3.29 Uhr

Jürgen aus Villingen-Schwenningen ist anscheinend noch ein zweites Mal gekommen. Ich bin beeindruckt.

4.12 Uhr

Martin und Nils klettern auf den Nanga Parbat und tragen die ersten Plastiksäcke zurück ins Tal.

4.36 Uhr

Ich wurde angemacht. Einfach so. An der Bar. Ganz direkt. Abgesehen davon, dass der gute Herr ein wenig zu alt für mich ist, hat er einen kleinen Schönheitsfehler: Ihm fehlt ein Arm. Seit geschlagenen 20 Minuten starrt er mich unablässig an, als könnte er mit dem stumpfartigen Rest ganz ganz tolle Sachen machen.

Margot Eskens: »Schau mich bitte nicht so an«

4.39 Uhr

Mir ist eingefallen, was für Sachen er mit so einem Stumpf machen könnte. Ich fürchte mich ein wenig.

4.51 Uhr

Der Zenit ist überschritten. Mit einem gewaltigen Kreistanz zu »Moskau Moskau« von Dschingis Khan wird das Ende eingeläutet. Ab jetzt wird nur noch Rausschmeißermucke gespielt. Es gibt also doch einen Gott.

5.12 Uhr

Ich werde ihn nicht los. Seit einer Dreiviertelstunde sitzt der Einarmige am Tresen, starrt mich an und bestellt fortlaufend Kamillentee. Ihm sei aufgefallen, dass ich mir von Anfang an die Nummer auf seiner Schulter merken konnte. »Um ehrlich zu sein«, sage ich, »ist so eine Schulter ohne Arm eine verdammt gute Eselsbrücke.«

5.13 Uhr

Der Einarmige findet es toll, wie offen ich mit seiner Behinderung umgehe. Ich solle mit ihm schlafen, sagt er, sonst sei das Diskriminierung.

5.19 Uhr

Der Nanga Parbat ist wieder zu einem Teufelsberg zusammengesunken. Während Martin und ich die Gläser zusammensammeln, beginnt die schönste zwischenmenschliche Handlung, die nach so einem Abend noch denkbar wäre: das Resteficken.

Wencke Myhre: »Beiß nicht gleich in jeden Apfel«

5.28 Uhr

Rainer ist mit dem Einarmigen auf die Toilette verschwunden. Ich nutze dieses kollegiale Entgegenkommen, packe mich in meine Einheitskleidung und ziehe von dannen.

6.00 Uhr

Zu Hause angekommen entblättere ich mich routiniert, falle in mein Bett und schlafe.

Anzahl der Gäste: null. Erektionen: geht auch ohne.

Dienstag

Ich muss noch einmal zum Urologen. Müde stehe ich am frühen Morgen am Bahnhof Leopoldplatz und warte auf die U9. Langsam rollt der Zug in die Station, die Türen öffnen sich, ich steige ein. Vom oberen Bahnsteig ist das Rauschen der einfahrenden U6 zu hören. An diesem Bahnhof kreuzen sich die Linien. »Zurückbleiben bitte«, schallt es aus den Lautsprechern meines Waggons, und gerade, als das Warnsignal ertönt, springt ein Mann die letzten Stufen der Treppe vom oberen Bahngleis hinab und wirft sich, hüftvoran, zwischen die sich schließenden Türen unseres Waggons. Sieben, vielleicht acht Menschen stürmen ihm hinterher und versuchen sich durch den kindskopfbreiten Spalt zwischen den Türen zu zwängen. Es kommt zu tumultartigen Szenen, Menschen schreien, Kinder quieken, als plötzlich die nüchterne Stimme des Zugführers aus den Lautsprechern ertönt: »Meine sehr verehrten Damen und Herren, ganz offensichtlich ist dies der letzte Personenzug in diese Richtung überhaupt!«

Sprich mit mir

Durch diverse Umstände, die aus einem Mangel an Zeit und Lust nicht näher erläutert werden können, ereignete es sich, dass ich auf einem Feldweg zwischen Massenheim und Hochheim meinem neunjährigen Ich begegnete. Aus dieser wunderlichen Begebenheit ergab sich folgender Dialog:

Paul   Na?
Paulchen Na.
Paul   Alles klar?
Paulchen Joa.
Paul   Was machst'n da?
Paulchen Hm.
Paul   Hm?
Paulchen Joa.
Paul   Bist nicht so gesprächig. Wa?
Paulchen Hm.
Paul   Ist das 'n Gameboy?
Paulchen Mhm.
Paul   Hatt ich auch ma.
          … Wie heißt'n du?
Paulchen Paul.
Paul   Ich heiße auch Paul.
          … Wie alt bist du?

Paulchen	Neun.
Paul	Ich bin fast 30.
	... Ziemlich alt, hm?
Paulchen	Hm.
Paul	Bist du immer so schweigsam, oder hat deine Mutter dir verboten, mit fremden Männern zu sprechen?
Paulchen	Meine Mama ist da noch ein bisschen unentschieden.
Paul	Magst du deine Mutter?
Paulchen	Da bin ich noch ein bisschen unentschieden.
Paul	Bist du wirklich erst neun?
Paulchen	Ja.
	... Warum?
Paul	Du hast einen sehr seltsamen Wortschatz für einen Neunjährigen.
Paulchen	Ich hab seit vier Wochen meinen ersten eigenen Fernseher. Das hat sich hinsichtlich meines Wortschatzes ungemein bemerkbar gemacht.
Paul	Keine Angst. In spätestens sechs Jahren gibt sich das wieder.
Paulchen	Was passiert denn in sechs Jahren?
Paul	Dann kriegt ihr Internet und Privatfernsehen. Das wird deinen Wortschatz wieder relativieren.
	... Sach ma, so unter uns, hast du keine Freunde?
Paulchen	Sach ma, so unter uns, hast du keine Freunde?
Paul	Warum?
Paulchen	Weil du versuchst, dich mit einem Neunjährigen zu unterhalten.

Paul	Du bist einfach ein ganz besonderer Neunjähriger.
Paulchen	Erwachsene Männer sollten gegenüber Neunjährigen ein bisschen zurückhaltender mit derartigen Formulierungen sein.
Paul	So war das nicht gemeint. Ist dir nicht aufgefallen, dass wir dieselben Ohren haben? Du und ich?
Paulchen	Wenn überhaupt, dann haben wir die gleichen Ohren, du und ich, nicht dieselben!
Paul	Und findest du kleiner Klugscheißer das nicht ein bisschen seltsam?
Paulchen	Geringfügig.
Paul	Ich komme nämlich aus der Zukunft.
Paulchen	Aha.
Paul	Aus dem Jahre 2012. Ich bin du! Dein zukünftiges Ich!
Paulchen	Wow, das ändert natürlich alles! Dann haben wir doch dieselben Ohren, nicht die gleichen!
Paul	Du reagierst erstaunlich gelassen.
Paulchen	Ich hatte schon immer eine sehr ausgeprägte Fantasie. Warum sollte sich das in der Zukunft ändern?
Paul	Bist du denn wirklich gar nicht überrascht?
Paulchen	Es gäbe da schon ein paar Fragen, die mir auf der Seele brennen.
Paul	Na, dann fang mal an.
Paulchen	Allen voran: Was hat die Pubertät aus meiner Nase gemacht!?
Paul	Ja ja, ich weiß. Irgendwann zwischen zwölf und vierzehn bekommst du Besuch von einer

	Knorpelfee ... Aber wenn es dich beruhigt: Auch andere Dinge an dir werden wachsen. Zumindest ein bisschen.
Paulchen	Bitte?! Ich will so was nicht hören! Ich bin neun Jahre alt! Und prüde!
Paul	Glaub mir, auch das wird sich ändern!
Paulchen	Wieso? Hab ich eine Freundin?
Paul	Ähm, lass es mich so ausdrücken: Wir beide mögen keine Mädchen!
Paulchen	Gott sei Dank! *(Flüstert:)* Hast du gewusst, dass die manchmal bluten?
Paul	Ja.
Paulchen	Aber Mama, die ist doch auch ein Mädchen!
Paul	Nach allem, was ich weiß, ist Mama sogar ein ganz besonders ergiebiges Mädchen! Und leider auch ein ganz besonders mitteilungsbedürftiges.
Paulchen	Ich sehe schon: Mutter ist ein großes Thema bei dir.
Paul	Keine Sorge: Auch da hält die Zukunft wundersame technische Errungenschaften für dich bereit.
Paulchen	Zum Beispiel?
Paul	Die Rufnummernanzeige.
Paulchen	Wie hat sich Papa so entwickelt?
Paul	Für den ist Mutter auch ein ziemlich großes Thema.
Paulchen	Die sind immer noch verheiratet!?
Paul	Ja! Ich bin selber ein bisschen überrascht.
Paulchen	Ist das noch konsequent oder schon dumm?

Paul	Da sind die Grenzen in unserer Familie ein bisschen fließend.
Paulchen	Und sonst so? Was hält die Zukunft für mich bereit?
Paul	Was würdest du dir denn wünschen?
Paulchen	Das Gleiche, was ich mir zu meinem neunten Geburtstag gewünscht habe.
Paul	Nämlich?
Paulchen	Eine Drei-Zimmer-Wohnung und eine Wanderniere.
Paul	Ich hätte eine Zweiraumwohnung und eine Gerinnungsstörung anzubieten.
Paulchen	Nehm ich!
Paul	Du bist wirklich sehr seltsam für dein Alter!
Paulchen	Schmeichelt mir das in 20 Jahren noch genauso, wie es mir gerade jetzt schmeichelt?
Paul	Ja.
Paulchen	Eine Frage hätte ich da noch.
Paul	Nur zu.
Paulchen	Gibt es in der Zukunft noch Colorado?
Paul	Denver, Colorado?
Paulchen	Nein! Haribo Colorado!
Paul	Oh. Ich glaube schon.
Paulchen	Du glaubst?
Paul	Ähm, ja. Du ... Ich mache mir nicht viel aus Süßigkeiten.
Paulchen	WAS!?
Paul	Ja. Die Pubertät wird dich sehr verändern. Hubba Bubba, Milka, Monkey Island, Esspapier und Zelda, Tetris, Star Cola, die Fraggles und die Gum-

	mibärenbande – das wird alles ziemlich schnell an Wert verlieren.
Paulchen	Wenn du ein Pferd wärst, würde ich dich jetzt erschießen.
Paul	Glaub mir, du wirst andere Mittel und Wege finden, dich bei Laune zu halten.
Paulchen	Ist nicht so, dass ich mich besonders gut mit mir selbst beschäftigen könnte.
Paul	Doch, doch. Genau das meine ich.
Paulchen	Bitte?
Paul	Schon gut! Ich glaube, es gibt Geheimnisse des Erwachsenwerdens, die du allein ergründen solltest.
Paulchen	Alter Mann, du sprichst in Rätseln!
Paul	Was willst du denn hören?
Paulchen	Keine Ahnung. Die Lottozahlen vom nächsten Samstag! Ob ich lieber Windows- oder Apple-Aktien kaufen soll! Werden Autos in der Zukunft fliegen? Haben wir noch lange unter Helmut Kohl zu leiden? Wird Thunfisch unbezahlbar? Mag ich Sushi überhaupt? Was ist ein Hedgefonds? Wird die *Titanic* jemals wieder witzig? Wer sind meine wahren Eltern? Was kommt im Abitur?
Paul	Abitur?
Paulchen	ICH HABE KEIN ABITUR!? ... Alter Mann! Gib mir etwas! Gib mir irgendwas!
Paul	Wenn du uns beiden wirklich einen Gefallen tun willst, dann solltest du niemals eine CD von Tocotronic runterladen, Geschlechtsverkehr

	mit Frauen vermeiden, die Petra oder Michaela heißen, und ab genau heute Abend, für den Rest deines Lebens, Milchprodukte meiden.
Paulchen	Ich bin sehr sicher, dass mich das zu einem glücklichen, gesunden, aber auf gar keinen Fall zu einem wohlhabenden Menschen machen wird!
Paul	Keine Sorge, kleiner Paul. Die Zukunft gehört dir!
Paulchen	Politisch gesehen?
Paul	Im übertragenen Sinne.
Paulchen	Kann man davon leben?
Paul	Nö.
Paulchen	Eins noch.
Paul	Bitte.
Paulchen	Kommst du wenigstens wieder?
Paul	Ich werde immer bei dir sein.
Paulchen	Jetzt komm mir bloß nicht so. Wenn überhaupt, werde ich immer bei dir sein. Aber ich denke gerade ernsthaft darüber nach, das zu ändern. … Bevor ich es vergesse: Was mach ich denn beruflich?
Paul	Uh, ganz schwer zu erklären …
Paulchen	Hauptsache nichts mit Menschen.

Mittwoch

Ich habe gestern beim Urologen viel gelernt. Über das Leben und die Welt. Jetzt weiß ich: Die mit Abstand schlimmsten Worte der deutschen Sprache sind: »Wir machen dann mal einen Abstrich Ihrer Harnröhre.«

PS:
Kann man es eigentlich als Kompliment auslegen, wenn der Urologe zu einem sagt: »Können Sie bitte mal mit anfassen?«

Eine gefräßige Person

Mein Kater ist eine fürchterlich gefräßige Person. Prinzipiell weckt alles, was auch nur im Entferntesten an Lebensmittel erinnert, ein ungewöhnlich großes Interesse in ihm. Anfänglich beschränkte sich seine hungergelenkte Neugier dabei lediglich auf Haustiernahrung: Trockenfutter aus Kartons und Tüten, Nassfutter aus Dosen und Aluminiumschälchen, mitunter einmal Fisch oder ein Schlückchen Katzenmilch. Zwischenzeitlich scheint er jedoch zu der Erkenntnis gelangt zu sein, dass auch alles, was sein Herrchen bereit ist zu verzehren, für ihn nicht wirklich schlecht sein könne. Dabei beschränkt sich sein bodenlos wirkender Heißhunger nicht nur auf Lebensmittel tierischer Herkunft wie Schinken, Speck oder Hackfleisch. Genauso stürzt er sich mit wildem Überschwang auf Mais, Bananen, gekochte Zucchini und sogar Erdnüsse. Er geht an Marmeladengläser, Nudeln und verschmäht natürlich auch keine Schokolade. Im Grunde scheint er willig und bereit, alles zu verschlingen, was auch nur den Anschein erweckt, essbar zu sein. Erstaunlicherweise verträgt er das meiste sogar, und so bremsen weder ein natürliches Sättigungsgefühl noch zeitweilige Übelkeitszustände seinen Fresswahn. Nur Vitakraft Katzendrops, die bekommen ihm so überhaupt nicht. Da muss man ihm nur eines ins Mündchen stecken und nach ein paar Momenten kommt wieder was Braunes, Flüssiges heraus, ein bisschen wie bei einem Kaffeeautomaten.

Es gibt in meiner Wohnung auch keinerlei Fliegen oder Spinnen, was bestimmt nicht darauf zurückzuführen ist, was für ein reinlicher Mensch ich bin, sondern sich einzig und allein auf der Gefräßigkeit meines Katers gründet. Selbst wenn ich Mäuse hätte, dürften diese kein längerfristiges Problem darstellen. Auch um meinen Hund sorge ich mich gelegentlich. Denn es steht im Grunde außer Frage, dass mein Kater, ebenso wie an Fast Food oder Tiefkühlkost, eben auch an Lebendfutter interessiert ist.

Letzte Woche, als Ulrike mit ihrem Baby zu Besuch war, hat er das kleine Ding die ganze Zeit so gierig und lüstern angeschaut, dass es mir schon fast ein bisschen unheimlich geworden ist. Ganz zu schweigen von der Peinlichkeit, die das Gerücht mit sich bringt, eine Katze sein Eigen zu nennen, die kleine Kinder frisst. Schlimmer könne es nicht kommen, habe ich damals noch gedacht. Als Ulrike ihrem Kind aber die Brust geben wollte, war der Kater nicht mehr zu halten. Mit zwei großen Sätzen war er aufs Sofa gesprungen, hatte sich zielstrebig Ulrike genähert und beschnüffelte sofort ihren großen, blauädrigen Busen. Obgleich ich doch ziemlich gern gesehen hätte, wie meine Freundin Ulrike nicht nur ihr Kind, sondern an der anderen Brust auch noch meinen Kater stillt, einigte man sich dann doch darauf, das Tier erst einmal in die Küche zu sperren.

Manchmal stehe ich fast fassungslos vor Entsetzen in eben jener sechs Quadratmeter großen Küche, starre verständnislos auf den Kater hinab und frage mich, während er schmatzend und schlingend eine gefühlte Schweinehälfte verspeist, weshalb ich diese Verkörperung der Maßlosigkeit überhaupt in mein Haus gelassen habe.

Erschwerend kommt die Tatsache hinzu, dass er von Tag zu Tag dicker wird. Das bietet mittlerweile so einen ungewöhnlichen Anblick, dass es sogar den Zeugen Jehovas die Sprache verschlägt, wenn sie mal wieder vor meiner Tür stehen. Anstatt mir den *Wachturm* in Deutsch oder, wie sie es schon versucht haben, in Polnisch, Englisch oder sogar Türkisch aufschwatzen zu wollen, starren sie nur fassungslos in meinen Flur und fragen mich nach ein paar Sekunden, was ich dieser armen Katze bloß zu fressen geben würde. »Andere Katzen«, sage ich dann immer und schließe langsam die Tür.

Dass er es mit dem Fressen übertreibt, weiß mein Kater eigentlich auch selbst. Manchmal frisst er so gierig, dass er sich nicht einmal die Mühe macht zu kauen. Dann schluckt er das Trockenfutter einfach in ganzen Stücken hinunter und wundert sich ein paar Minuten später, dass es genau so wieder heraufkommt. Die meisten Menschen, denen so ein Missgeschick widerfährt, so geizig sie auch sein mögen, würden aber niemals darüber nachdenken, das soeben Erbrochene einfach wieder aufzuessen. Mein Kater dagegen macht so etwas. Der denkt darüber nach! Das sieht man schon an seinem blöden Gesichtsausdruck, dass er in seinem Katzenkopf pro und contra abwägt:

Pro: Es ist immer noch was zu essen.
Contra: Es war aber schon mal in mir drin.
Pro: Immerhin ist es oben rausgekommen und nicht unten.

Contra: Aber leider riecht es ein bisschen so, als wäre es.
Pro: Vielleicht schmeckt es noch ganz gut.
Contra: Vielleicht stimmt pro ja gar nicht.

Das wirklich Widerliche an diesem Szenario ist leider, dass pro gewinnt. Jedes Mal. Dann sitzt er da, ignoriert die beißenden Gedanken in seinem Kopf und den beißenden Geruch in seiner Nase und schlingt das Heraufgewürgte gemächlich wieder hinunter. Ein brechreizendes Trauerspiel. Umso erstaunlicher ist, dass dieses exquisite Zweigängemenü jedes Mal etwas ganz Wunderliches zu bewirken scheint. Denn kaum hat er das schleimige Häufchen Katzenfutter ein zweites Mal verspeist, scheint mein Kater tatsächlich gesättigt. Gemächlich tapst er dann in Richtung Sofa, lässt sich zufrieden auf dem braunen Zweisitzer nieder und sinkt in einen tiefen Schlaf, gerade so, als wäre jedes weitere Verlangen zu fressen von ihm abgefallen, wie von mir das Verlangen danach, solch ein bizarres Geschehen noch ein zweites Mal mit ansehen zu müssen. Er liegt dann oft den ganzen Abend da, in sich zusammengesunken, als sei er mit der Welt im Reinen, und es lässt ihn nicht einmal aufhorchen, wenn ich in der Küche eine Dose Thunfisch aufmache. Erst am nächsten Morgen sitzt er wieder an meinem Bettrand und starrt mich so lange mit seinem ausgehungerten und fresssüchtigen Blick an, bis ich aufwache.

Im letzten Monat war das Geld ein bisschen knapp. Da habe ich mal durchgerechnet, wie viel ich sparen könnte, hätte der Kater ein Fressverhalten, das einer Katze angemessen ist. Dann bin ich zufällig im Küchenschrank auf die Vitakraft

Katzendrops gestoßen. Seit zwei Wochen füttere ich ihn damit. Jedes Mal nach dem Mittagessen bekommt er einen Drop, dann fängt er an zu würgen und serviert sich nach ein paar Minuten seinen Nachschlag selbst. Ganz brav frisst er dann alles wieder auf und sinkt schließlich auf meinem Sofa in einen gesunden tiefen Schlaf. Ich gebe ja zu, dass das eine eher unkonventionelle Maßnahme ist, seinen Kater auf Diät zu setzen, aber im Grunde ist das doch nur gut für ihn. Seine Blutfettwerte werden es mir danken, und in ein paar Monaten kann ich den Dicken sogar wieder auf den Arm nehmen, ohne einen Bandscheibenvorfall zu riskieren. Das überschüssige Haushaltsgeld investiere ich übrigens in Lebensmittel. Lebensmittel nur für mich. Ich bin nämlich auch eine fürchterlich gefräßige Person.

Donnerstag

Karstadt. Schreibwarenabteilung. Gedankenversunken stehe ich an der Kasse, als von links eine ältere Dame herangewandelt kommt. Mit fragender Stimme wendet sie sich an die Kassiererin: »Ham Se keene Glückwunschkarten zur goldenen Hochzeit mehr?«

Die Kassiererin antwortet ohne aufzuschauen: »Wenn da drüben nichts steht, haben wir wohl keine.«

Nach einem Moment wirft sie hinterher: »Kommt ja auch nicht so häufig vor.«

»Nee! Heutzutage nich mehr«, entgegnet die alte Dame und schaut betrübt zu Boden.

»Haben Sie mal bei den Karten zur Silbernen geschaut?«

»Ja, da sind aba och keene mehr.«

»Na, warten Sie mal«, sagt die Kassiererin und brüllt zu einer Kollegin, quer durch die gesamte Schreibwarenabteilung: »Monika! Haben wir noch Glückwunschkarten zur goldenen Hochzeit?« Laut schallt es zurück: »Schau mal bei den Trauerkarten. Wir ordnen die immer chronologisch.«

Polnisches Gepäck

Ich hatte immer sehr gehofft, nicht der Einzige zu sein. Ich bin acht Jahre alt und liege zusammengekauert im Kofferraum eines alten Opel Kadett Baujahr '86. Durch die Rückbank dringen dumpfe Stimmen an mein Ohr. Eine gespenstische Vorfreude liegt in ihnen, verstörendes Gelächter. Eine Stimmung, die meinen kleinen Körper zu einem schwachen Haufen Haut und Knochen zusammenfallen lässt. Der ganze Raum vibriert. Jedes Mal, wenn der Straßenbelag sich ändert, spüre ich es. Dann scheuern mein Gesicht, meine Beine und Ärmchen an den borstigen Kunststofffasern unter mir. Der Geruch von Hartgummi und Plastik macht die Enge unerträglich.

Meine Eltern waren stets darauf bedacht, die Misshandlungen, die sie mir antaten, auf Fotopapier festzuhalten. Zu jeder düsteren Erinnerung, die sich in mein Unterbewusstsein eingebrannt hat, existiert ein fotografisches Gegenstück. Die Verstörung, der Unwille, die Furcht – konserviert auf glänzendem Colorpapier. Wer so etwas erlebt hat, der wird nicht wieder ganz. Wer so etwas erlebt hat, der treibt ruhelos umher. Menschen wie mir ist das Rasten der größte Feind geworden. Denn mit jedem Stillstand, jedem Müßiggang kommt die Erinnerung, und nichts wiegt schwerer als diese Substanz in unseren Köpfen.

Ein leises Wimmern dringt aus der anderen Ecke des Kofferraumes zu mir herüber.

Der kleine Sven Kopaczok hat sich zusammengerollt gegen das Seitenfach gepresst. Starr vor Angst lässt er sich vom Rauschen des rechten Hinterrades überfluten. Jedes Mal, wenn wir in der Dunkelheit aneinanderstoßen, zuckt er jaulend zusammen. Ich hatte immer sehr gehofft, schon fast darum gebeten, nicht der Einzige zu sein, aber jetzt tut er mir leid. Das Gelächter hinter der Rückbank klingt wie Gebell, das uns verhöhnt. Das Deutsche ist eine fürchterliche Sprache, denke ich, besonders, wenn sie von Polen gesprochen wird. Der Tod ist kein Meister aus Deutschland, er ist ein Spätaussiedler aus Oberschlesien. Immer wieder winselt es im Kofferraum zu mir herüber. »Kofferraum« – was für ein fürchterlich deutsches Wort.

Kinder, die so etwas erleben mussten, versuchen, einen Weg zu finden, damit fertigzuwerden. Sie versuchen, die Erinnerungen und die Bilder in ihrem Kopf zu übertünchen. Ich habe Zeichentrick geschaut. Unglaublich viel Zeichentrick geschaut. In jeder freien Minute habe ich die flackernden Bilder in meine Augen strömen lassen, in meine trüben trockenen Augen. Wenn du niemals blinzelst, habe ich gedacht, dann wird es besser wirken. »Nicht so nah ran«, hat man mich angebrüllt. Kinder, die so nah vor dem Fernseher sitzen, sitzen dort, weil sie dort sitzen möchten. Kinder, die so nah vor dem Fernseher sitzen, die möchten allein gelassen werden. Kinder, die so nah vor dem Fernseher sitzen, die sitzen dort, weil sie vergessen wollen.

Meine Eltern sind sehr stolz auf diese Bilder meiner Kindheit, auf diese Grausamkeiten, die sie für die Ewigkeit ihres Lebens festhalten konnten. Sie haben extra ein ganzes Zimmer damit eingerichtet. Einen eigenen kleinen Raum im Keller ihrer Doppelhaushälfte – einen Hobbyraum. »Hobbyraum« – was für ein fürchterlich deutsches Wort.

Das schlimmste Bild in diesem Hobbyraum ist nicht das mit Stefanie Hertel, mit Stefan Mross, Daliah Lavi oder Patrick Lindner. Das schlimmste Bild in diesem Hobbyraum ist das mit den Wildecker Herzbuben. In meinem Kinderanzug haben sie mich zwischen sich genommen. Ihre adipösen, in Trachten gehüllten Körper umschließen meine kleinen Schultern. Meine Arme versinken in einer heißen schwitzigen Masse aus menschlichem Überschuss. Mein kleiner schwacher Kopf sitzt starr zwischen zwei fleischigen Männerbrüsten. Es wird noch sehr viel Spongebob Schwammkopf brauchen, bis ich das vergessen kann.

Als das Auto den Mainzer Lerchenberg erreicht und der Kofferraum sich öffnet, blinzeln wir ängstlich in das gleißende Licht der Sommersonne. Missmutig steigen wir aus der gepolsterten Mulde und fallen wie schleimige Kälber auf den gepflasterten Parkplatz. Überall um uns herum kriechen Kinder aus Kofferräumen und hinter Rücksitzen hervor, überthront von triumphierenden Vätern. Väter, die sich stolz und lautstark darüber freuen, dreizehn Mark gespart zu haben. Dreizehn Mark! So viel kostet eine Kinderkarte, eine Kinderkarte für den ZDF-Fernsehgarten. »Fernsehgarten« – was für ein fürchterlich deutsches Wort.

Freitag

Ich fasse kurz zusammen. Seit nahezu 15 Jahren bin ich sexuell aktiv. Zum ersten Mal in meinem Leben hatte ich Sex mit einer Frau. Und was bringt es mir? Eine von diesen Sexualkrankheiten, die ich nicht richtig schreiben kann. Was schließen wir daraus? – Kleine Sünden bestraft der Herr sofort!

PS:
Ein Gutes aber hat die ganze Sache. Vier Wochen Antibiotika sind ein kleiner Hauptgewinn für einen Hypochonder wie mich, und wenn ich wirklich einen weißlichen Ausfluss bekomme, kann ich immerhin ein Foto für die Wikipedia davon machen.

Ich hab noch eine Wohnung in Berlin

Seit einem halben Jahr versuche ich angestrengt, einen Nachmieter für meine alte Wohnung zu finden. Vergeblich. Studenten-WG, WG-gesucht, ImmobilienScout24 – nichts davon konnte mir den passenden Zwischenmieter bescheren. So wurde es an der Zeit, einen etwas anderen Kurs zu fahren:

(Ein Telefon klingelt.)

Ich	Bokowski, guten Tag.
Frau Schwanitz	Guten Tag, Herr Bokowski. Hier ist Frau Schwanitz von der Deutschen Bank. Es geht um Ihr Angebot aus dem aktuellen Handelsblatt.
Ich	Ja?
Frau Schwanitz	Um genau zu sein, um den *Selbsterfahrungskurs für leitende Angestellte*.
Ich	Ah ja. Für welches Angebot interessieren Sie sich denn?
Frau Schwanitz	Herr Ackermann dachte an das Angebot *Vier Wochen Unterschicht*.
Ich	Ah. Sie meinen die Berliner Unterschichtenwohnung!
Frau Schwanitz	Ja. Genau. In Berlin-Neukölln.

Ich	Oh. Neukölln? Das tut mir leid. Das Angebot Neukölln ist zurzeit leider vergriffen.
Frau Schwanitz	Ach, wie schade. Haben Sie denn noch etwas Vergleichbares im Angebot?
Ich	Ja, lassen Sie mich mal nachschauen. An wie viele Teilnehmer dachten Sie denn?
Frau Schwanitz	Das wären von unserer Seite sechs leitende Angestellte und zwei Mitglieder aus dem Vorstand.
Ich	Acht also. Ja, lassen Sie mich nachschauen. *Vier Wochen Unterschichtenwohnung, Berlin-Neukölln* – hier steht's noch mal –, ist bereits belegt, Marzahn ist gerade nicht bezugsfertig. Ach ja! Da hätten wir ja noch was: *Vier Wochen Unterschichtenwohnung in Berlin-Wedding.*
Frau Schwanitz	Ja, Wedding! Das klingt doch gut.
Ich	Das wäre eine Zweizimmerwohnung im Hinterhaus. Leider mit Wannenbad.
Frau Schwanitz	Wannenbad!?
Ich	Ja. Wannenbad. Aber keine Sorge, natürlich mit Schimmel und Außenklo.
Frau Schwanitz	Sehr schön.
Ich	Wir hätten wahlweise Ausblick auf den betonierten Hinterhof oder Brandwand im Angebot.
Frau Schwanitz	Brandwand bitte.
Ich	Brandwand also. Schöne Wahl. 64 Quadratmeter. Mit Einbauküche?

Frau Schwanitz	Einbauküche?
Ich	Ja. Wir hätten noch eine fettige Einbauküche in Eiche rustikal, mit Holzwurmbefall und Fäkalien im Unterbau.
Frau Schwanitz	Ja. Das klingt doch gut. Aber 64 Quadratmeter? Glauben Sie nicht, dass das noch ein bisschen zu groß ist für nur acht Teilnehmer?
Ich	Gar kein Problem. Wie wäre es mit einem Untermieter?
Frau Schwanitz	Untermieter?
Ich	Wir hätten da das Standardpaket mit zwei polnischen Gastarbeitern oder, wenn Sie möchten, das Komfortpaket.
Frau Schwanitz	Was beinhaltet das denn?
Ich	Das umfasst eine original rumänische Bettlerfamilie: zwei Männer, vier Frauen, sieben Kindern, und für nur fünf Euro mehr pro Woche gibt es noch eine Tuberkulose-Flatrate dazu.
Frau Schwanitz	Vielleicht doch lieber die polnischen Gastarbeiter. Gehen die auch mit Tuberkulose?
Ich	Das wird auf die Schnelle schwierig zu bekommen sein. Aber wie wäre es denn mit russischen Gastarbeitern? Da ist das mit der Tuberkulose meistens schon mit drin.
Frau Schwanitz	Gern. Gibt es sonst noch irgendwelche Anforderungen?

Ich	Wir bräuchten eine Mietschuldenfreiheitsbescheinigung des Vormieters und die kopierten Personalausweise aller Teilnehmer.
Frau Schwanitz	Was ist mit der Schufa?
Ich	Kommt drauf an. Hat Herr Ackermann einen Wohnberechtigungsschein?
Frau Schwanitz	Ich fürchte nicht.
Ich	Ja, dann würden wir gegen eine Gebühr von 220 Euro eine Schufa-Auskunft einholen.
Frau Schwanitz	Einverstanden.
Ich	Möchten Sie noch einen Besichtigungstermin ausmachen?
Frau Schwanitz	Nein, ich glaube nicht.
Ich	Es versteht sich übrigens von selbst, dass sowohl bei Einzug als auch bei Auszug tapeziert und gemalert werden muss, ja?
Frau Schwanitz	Selbstverständlich. Der Monatspreis lag bei wie viel noch gleich?
Ich	Der Quadratmeterpreis liegt derzeit bei 4,66 Euro, plus den Zuschlag für Besserverdiener, macht eine Monatsmiete von 1.824 Euro. Staffelmiete.
Frau Schwanitz	Herr Ackermann wollte sich noch erkundigen, ob es für seine Mitarbeiter auch ein Unterhaltungsprogramm gibt.
Ich	Ja, natürlich! Es gibt eine DVBT-Box. Vorprogrammiert sind RTL, SAT.1, VOX und RTL 2. Die funktioniert aber nur, wenn

mindestens drei Personen sie gleichzeitig aus dem Fenster halten. Dann hätten wir noch das Musikprogramm der Nachbarn aus dem Seitenflügel. Jeden Tag von etwa neun Uhr morgens bis drei Uhr nachts. Wir hätten eine Tagesfahrt in die Arbeitsagentur Berlin-Mitte anzubieten, und als besondere Überraschung kommt in der zweiten oder dritten Woche die Kriminalpolizei: Verdacht auf Cannabisanbau.

Frau Schwanitz Das ist aber in der Gesamtmiete bereits enthalten?

Ich Selbstverständlich. Gegen einen kleinen Aufpreis bieten wir für die letzte Woche auch noch ein ganz hübsches Abschlussszenario an.

Frau Schwanitz Was wäre das?

Ich Das wäre eine Gas-Nachzahlung in Höhe von 1.176 Euro, die Leiche eines toten Nachbarn in der Zwischendecke und, wenn Sie möchten, eine Gewalttat im Hauseingang.

Frau Schwanitz Raubmord?

Ich Nein, nein. Nur ein Überfall mit Stichwaffe – oder Schlagring.

Frau Schwanitz Schlagring vielleicht.

Ich Gern. Gegen wen?

Frau Schwanitz Ach, das ist eigentlich egal. Wobei – unter uns – es gibt ja keinen Weihnachtszuschlag dieses Jahr. Das hat sich bestimmt

	der Josef ausgedacht. Dann aber ruhig Raubüberfall mit Stichwaffe.
Ich	Kein Problem. Gut. Dann hätten wir ja alles! Ich fasse noch mal zusammen: Sie buchen den Selbsterfahrungsaufenthalt in einer Zweizimmerunterschichtenwohnung in Berlin-Wedding. Das wären 64 Quadratmeter mit Wannenbad, Gasetagenheizung defekt und Außenklo. Mit Blick auf Brandwand. Dazu das Zwischenmieter-Basispaket russische Gastarbeiter mit Tuberkulose plus unser Abschlussszenario Überfall mit Stichwaffe für insgesamt 5.144 Euro. Zahlen Sie bar oder per Überweisung?
Frau Schwanitz	Per Überweisung bitte.
Ich	Dann aber in Raten über zwölf Monate mit einem Zinssatz von 24 Prozent.
Frau Schwanitz	Gerne.
Ich	Gut. Das war's dann schon. Dann sehen wir uns zur Übergabe am nächsten Montag.
Frau Schwanitz	Vielen Dank, Herr Bokowski.
Ich	Aber gerne doch, Frau Schwanitz.

Samstag

Ich kann nicht schlafen. Sollte ich wirklich an meiner Gonorrhö zugrunde gehen, liegt wenigstens ein druckfrischer Nachruf in meiner Schublade. Der müsste nur noch umgeschrieben werden. Aber das kann sogar meine Großmutter.

Dank

Ich danke all jenen Menschen, die direkt oder indirekt, bewusst oder unbewusst zur Entstehung dieses Buches beigetragen haben. Allen voran Kristina V., die jene folgenschwere Kette an Ereignissen in Gang gesetzt hat, die schlussendlich zu diesem Buch führen musste. Ferner danke ich den Brauseboys Frank Sorge, Heiko Werning, Hinark Husen, Robert Rescue und Volker Surmann, die mir in den vergangenen Jahren auf eine merkwürdige Art ans Herz gewachsen sind und mir den Antrieb und die Kraft gegeben haben, mich (gelegentlich) gegen meine Neigung zur Prokrastination und Trägheit zur Wehr zu setzen. Sie alle tragen eine nicht zu leugnende Mitschuld an diesem Buch. Sollten also Sie, werter Leser, einen Groll gegen dieses Printwerk hegen, so machen Sie keine Dummheiten: Reisen Sie bitte nicht in der Zeit zurück, um mich zu töten und damit dieses Buch zu verhindern! Reisen Sie viel lieber zurück und töten Sie die oben erwähnten Personen. Damit ist Ihnen und mir doch am ehesten geholfen!

Gewidmet sei dieses Buch den treuen Wegbegleitern in meinem Leben, die, sofern ich sie einzeln oder in ihrer Gesamtheit betrachte, keinen Zweifel an der Erkenntnis lassen: Ich muss wohl ein glücklicher Mensch sein.